レベルアップをめざす

企業法務
の
セオリー

一段上の実務とマネジメントの基礎を学ぶ

応用編
第2版

瀧川英雄 著

第一法規

第2版　はじめに（改訂にあたって）

　前著「スキルアップのための企業法務のセオリー」の第2版が2022年6月に出版され、今回、本書についても第2版を出版することになりました。

　本書第1版では、前著からの「企業法務遂行スキル」と「典型的な法務案件のセオリー」の二本の柱を維持しつつ、もうひとひねりした企業法務遂行スキルや、事業進出から撤退までの各種案件のセオリーを紹介しました。そして「法務部門のマネジメント」についても少し触れさせていただきました。

　今回の改訂にあたって、本書第1版に付け加えるべきことは何かを考えました。そして、第1版の発行された2015年と比較すると、企業法務のへの期待や果たすべき役割が高まり、法務部門がより積極的に提案することが求められているように思いました。例えば、訴訟において事業トップに訴訟継続か和解かの提案をする、コンプライアンスに関して経営陣に関連施策の優先順位を付けて提案するといった場面です。そこで、第1部に第5章を新設し、そのような場面でできるだけ定量的・客観的に提案できるスキルとして、ディシジョン・ツリーやマトリックスを紹介しました。

　この新たな章以外にも、2015年からの変化や筆者の経験を基に、随所に加筆修正しました。「企業法務遂行スキル」においては、第1章の「一般化する力・応用する力」に一般化の切り口を追加し、第2章の「答えを創るということ」にケーススタディを追加し、第3章「プレゼンテーション」にオンライン・プレゼンテーション等の記載を加えました。「典型的な法務案件

のセオリー」においては、第3章の「M&A」にM&Aの初期評価、オークション形式のプロセス、競合買収時の情報交換の注意等を追記し、第5章の「労務案件」では懲戒処分の記載を充実させました。さらに「法務部門のマネジメント」においては、法務部門とESGの関わり、法務部門のグローバル連携の進化等について言及しました。

この第2版が、お読みいただく皆様のレベルアップや、皆様の所属する法務部門の組織強化に少しでもお役に立てれば幸いです。

2023年11月
瀧川英雄

初版　はじめに

　私の前著『スキルアップのための企業法務のセオリー』が出版されたのは、2013年2月でした。「法律のことがほとんど書かれていない企業法務の本」を読んでくれる人がどれくらいいるのか、私は当時、内心不安に思いながら出版を迎えました。しかし、実際に本が書店に並べられると、私が思っていた以上に多くの皆様から、好意的な評価をいただきました。「企業法務の実務の方法論」とは、決して私の独りよがりではなく、企業法務に携わる多くの方に共通するものだとわかり、嬉しく感じたものです。

　前著を出版した時から、レクシスネクシス・ジャパンの編集担当の方とは、「この本がもし好評なら、3年後くらいに続編を出せるといいですね。」という話をしていました。それを実現できることになった結果が本書です。本書でも、**「企業法務遂行スキル」**と**「典型的な法務案件のセオリー」**という二本の柱を維持しつつ、前著で書ききれなかった、もうひとひねりした企業法務遂行スキルや、事業進出から撤退までの各種案件のセオリーを紹介しました。そして、第3部では、**「法務部門のマネジメント」**についても少し触れさせていただきました。

　本書冒頭の第1部第1章では、「一般化する力・応用する力」というテーマを取り上げています。本書に記した内容も、私が今までに対応した業務や経験、他の人から伺った話等を一般化してお示ししたものです。本書の内容を参考にしていただくとともに、今後はさらに、読者の皆様方自身が、経験されたことを一般化して、自らの「セオリー」を生み出し、後進の方々に伝

えていただければと思います。

　最後に私事ですが、私は10年前に、前職のオムロン株式会社から現職の株式会社ミスミグループ本社に転職しました。その際、「新天地で、自分はどのようになりたいのか」と考え、「米国のゼネラルカウンセルのように経営トップに近い法務を目指し、日本企業の法務としての一つの成功例になりたい。さらに、できることなら、日本企業の法務が強くなることに貢献したい。」という志を立てました。その志はまだまだ道半ばにも至っていませんが、本書が「日本企業の法務が強くなる」ために、ほんの少しでも貢献できれば幸いです。

2018年6月

瀧川英雄

Contents

図表一覧

企業法務遂行スキル

- ☑ 第1部では、法務担当者に求められる資質、2つの思考プロセスをベースとして、前著『スキルアップのための企業法務のセオリー　第2版』（2022年）に未収録の企業法務遂行スキルを解説していく。

- ☑ グローバルなビジネス環境の変化により、「今までに経験したことがない案件」が急増している。そのような場面において、一から答を創出するための思考プロセスを身につける。

- ☑ プレゼンテーションにおいて、法務担当者が備えておくべき基礎知識と法務に必要な切り口を整理する。

- ☑ 忙しい経営トップに対して、ビジネスにおける法務問題をスムーズかつ効果的に報告するための方法を学ぶ。

- ☑ ディシジョン・ツリーやマトリックスを活用して、法務業務における提案・意思決定を定量化・客観化する方法を学ぶ。

第1章 一般化する力・応用する力

法務の仕事は「経験がモノを言う」。では、その「経験」を自分の中に蓄積し活用するためには、何が必要だろうか。それは、1つの案件から得た経験を「一般化」し、次の案件に「応用」するための2つの思考プロセスである。本章では、法務担当者に必須のスキルであり、「伸びる人材」と「伸び悩む人材」との差に直結する「一般化」と「応用」の方法を、筆者の経験を交えて紹介していく。

1 | 法務の仕事と経験

法務の仕事では、定型化された単純作業やITシステムで代替できるものが少なく、「自分の頭を使う」仕事のウエイトが高い。「法務業務は経験がモノを言う」と言われるのは、そのためである。

それでは、例えば法務業務を3年間経験した者であれば、誰もが同じような水準の人材になれるのだろうか。おそらく、経験豊富な企業法務担当者や法務部門の管理職であれば、「それは違う」「人によって差が出てくる」等と感じることだろう。

その「差」はいわゆる「地頭のよさ」や「法律知識の多少」ではなく、「経験をうまく次に生かせるかどうか」によって生じるものであると、筆者は考えている。

法務の仕事では、今日も明日もまったく同じ内容の案件を扱うことは少ない。似たような案件であっても細部は異なる。また同じひな形を使った契約案件でも、相手方との力関係で譲歩すべき点は違ってくる。したがって、これまでの仕事で経験したことを、まったく同じ場面に当てはめるのではなく、少し異なる場面で活用することが必要なのである。この、「経験を異なる場面に応用する力」こそ、「同じような経験をしてきても差が出る」ことの源泉なのである。

　そして、眼前の状況が「その場に固有の問題」としか見えない人は、「過去の経験」や「先輩からの学び」「セオリー」等を利用できることに気付かず、また一から調査・検討をする羽目に陥る。そのような仕事の仕方は、いわば「ザルで水をすくう」状態であり、経験値が蓄積していかないのである。

2 ｜ 法務業務における一般化と応用

　経験を異なる場面で応用するためには、「一般化」と「応用」という2つの思考プロセスが必要である（[図表1] 参照）。

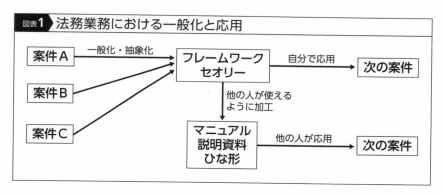

図表1　法務業務における一般化と応用

　案件A、案件B、案件Cでの経験から、「こういうときには、だいたいこんなポイントが論点になり、こう扱えばよい」といった「セオリー」を導き出したり、それを図解する等して使いやすく加工した「フレームワーク」を創り出したりする、これが一般化、抽象化のプロセスである。そして、一般化・抽象化したセオリーやフレームワークを次の（まったく同じではないが同様の問題を含む）別案件に応用するのである。

　さらに自分の頭の中のセオリーやフレームワークを、マニュアル化、説明資料の作成等を通じて、他の人が使えるように加工すれば、その人たちがさらに他の場面で応用できるのである。

　実は『スキルアップのための企業法務のセオリー　第2版』（以下、本節において「前著」という）で示した多くの図表は、筆者が過去の法務業務の

中で一般化・抽象化してきた「セオリー」であり、「フレームワーク」なのである。例えば、開発委託契約の論点の1つである、開発成果の他社向け展開をどこまで制約するかという問題については、「対価と横展開のトレードオフ」（前著191頁［図表33］参照）というフレームワークを図示してきた。また、「株主総会」の章で示した「株式会社へのルール・規制（5階建て構造）」（前著229頁［図表43］参照）、「国際法務の基礎」の章で紹介した「法制度・行政システム進化論（2015年時点）」（前著247頁［図表50］参照）等も筆者なりのフレームワークの例と言える。

　前著では、筆者が創出したセオリーやフレームワークを読者に使っていただくつもりで示したが、以下、本章では、どのようにすれば自分の経験を一般化し、応用することができるのか、いくつかのヒントを記したい。

3 ｜ 一般化の切り口

　では、経験を一般化するためにはどのような方法があるのだろうか。ここでは、「一般化する方法を一般化する」という難題に挑戦してみたい。

(1) 類似案件からパターンを見出す

　最も簡単なものは、類似案件からパターンを見出して対応策を考えるという方法である（［図表2］参照）。

　案件A、案件B、案件C、案件Dがよく似た内容で、同じような回答・対応をしていたとしよう。これに対して、「同じことばかりやっていないで、『ワンパターン』の対応を標準化して、効率化できないか（楽にならないか）？」と考えるのである。

　例えば、2007年に法務省が「企業が反社会的勢力による被害を防止するための指針」を発表して以降、取引先から、「反社会的勢力でないこと、反社会的勢力を使わないこと」等を確認する覚書（以下「反社覚書」という）の締結を求められる案件が急増した。各社の「反社覚書」は表現こそ違うものの、内容的には共通点が多く、1つひとつレビューしても、法務としての

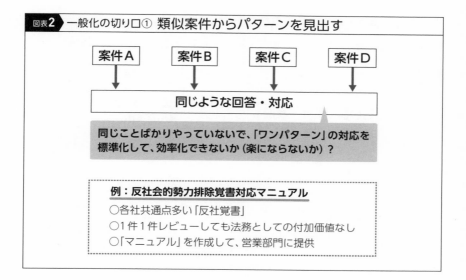

図表2　一般化の切り口① 類似案件からパターンを見出す

案件A　　案件B　　案件C　　案件D

同じような回答・対応

同じことばかりやっていないで、「ワンパターン」の対応を標準化して、効率化できないか（楽にならないか）？

例：反社会的勢力排除覚書対応マニュアル
○各社共通点多い「反社覚書」
○1件1件レビューしても法務としての付加価値なし
○「マニュアル」を作成して、営業部門に提供

付加価値は低いと認識した。そこで、まずは法務部門内の担当者向けにチェックリストを作成して業務の標準化・効率化を図った。やがて、営業部門の側でも、「反社覚書」についてはその都度法務に相談せず迅速に対応したい、という意向があることがわかったため、次に営業部門用に「反社会的勢力排除覚書対応マニュアル」を作成・提供し、営業部門で対応してもらうこととした。

　これ等は、一般化したものをさらに他部門が使えるように加工し、他部門で応用してもらっている事例である。

(2) 異なる案件・状況の共通点を見出す

　次に、異なる案件・状況の共通点を見出すという思考法もある（[図表3] 参照）。

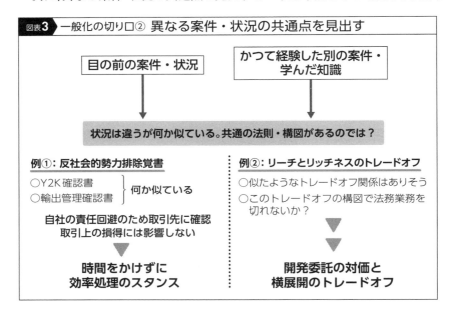

図表3　一般化の切り口② 異なる案件・状況の共通点を見出す

目の前の案件・状況

かつて経験した別の案件・学んだ知識

状況は違うが何か似ている。共通の法則・構図があるのでは？

例①: 反社会的勢力排除覚書
○Y2K確認書
○輸出管理確認書
何か似ている
自社の責任回避のため取引先に確認
取引上の損得には影響しない
時間をかけずに
効率処理のスタンス

例②: リーチとリッチネスのトレードオフ
○似たようなトレードオフ関係はありそう
○このトレードオフの構図で法務業務を切れないか？
開発委託の対価と
横展開のトレードオフ

　目の前で起きている案件や状況と、かつて経験した別の案件や学んだ知識を比較・類推して、「状況は違うが何か似ている。共通の法則・構図があるのでは？」と考えるのである。

　ここでまた「反社覚書」を例にとろう。「反社覚書」が多く出始めたときに筆者が覚えたのは、「この種のものをどこかで見たことがある」というデジャブのような感覚である。「そう言えば…」と考えて思い出したのがいわゆる「Y2K確認書」である。90年代から法務に携わってきた人なら記憶にあるだろう。西暦2000年になったときにコンピュータが「00年」を「2000年」と認識できず誤動作するのではないかという、いわゆる「2000年問題」が懸念された（実際は懸念されたような問題はほとんど発生しなかった）。その際に、「当社の商品・システムは2000年問題対応済みである」という「Y2K確認書」を顧客等に提出することを求められた。それ以前には、輸出管理に

関する確認書や誓約書を求める動きもあった。これらの共通点は、「自社は
しっかり対応している」として責任を果たすために、取引先に確認を求める
書面であるという性質である。表現は悪いがいわば「アリバイ作り」のよう
な内容で、取引そのものの損得やリスクには直接関係しない。したがって、「反
社覚書」についても「時間をかけずに効率的処理」がセオリーであると考え、
一般化したのである。

　もう1つ、上述した開発委託契約における「対価と横展開のトレードオ
フ」を例に考えよう。このフレームワークを創る少し前に、筆者は『ネット
資本主義の企業戦略』（フィリップ・エバンス、トーマス・S. ウースター著、
1999年、ダイヤモンド社）という書籍を読んでいた。その中に書かれていた
フレームワークの1つが、情報の到達範囲（リーチ）と中身の濃さ（リッチネ
ス）はトレードオフの関係にあるという、「リーチとリッチネスのトレードオ
フ」（[図表4]）である（なお同書では、インターネットによりこのトレードオ
フに変動があり、リーチとリッチネスが両立しやすくなったと述べている）。

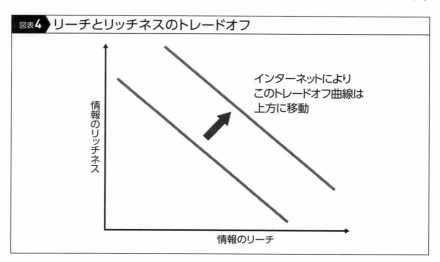

図表4　リーチとリッチネスのトレードオフ

インターネットにより
このトレードオフ曲線は
上方に移動

情報のリッチネス

情報のリーチ

　この本を読んでいたときから筆者は、「他にも似たようなトレードオフ関
係はありそうだ」「このトレードオフの構図で法務業務を切れないか」と考

えていた。その後社内で開発契約の研修をすることになった際に、「これが使える」と思ったのが、「対価と横展開のトレードオフ」（[図表5]）なのである。

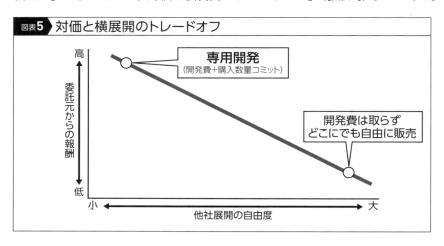

図表5 対価と横展開のトレードオフ

（3）対象を広げて考える

一般化の3つ目の切り口は、「対象を広げる」ということである（[図表6]参照）。

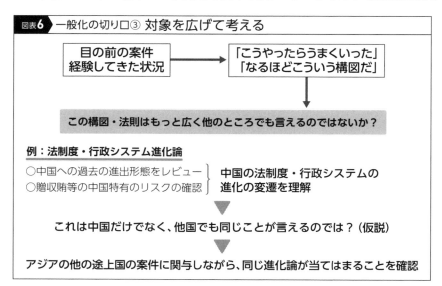

図表6 一般化の切り口③ 対象を広げて考える

　目の前の案件や経験してきた状況を振り返って、「こうやったらうまくいった」「なるほどこういう構図だ」と思うことがあるだろう。その際にそこで終わらずに、「この構図・法則はもっと広く他のところでも言えるのではないか？」と考えるのである。

　例えば「法制度・行政システム進化論」（[図表7]）の原点は中国での経験であった。中国では過去、日本から輸入して販売する形態の販売子会社は原則として認められておらず、何度か法律が変わり、認められる進出形態が変わってきた。また、贈収賄・商業賄賂等の中国特有のリスクについても検討機会が多かった。これらによって、中国の法制度・行政システムの進化の変遷をある程度理解できるようになり、「これは中国だけでなく、他国でも同じことが言えるのでは？」という仮説を持つに至ったのである。その後、アジアの他の途上国の案件に関与しながら、同じ進化論が当てはまることを確認し、フレームワークとしてまとめたのが「法制度・行政システム進化論」である。

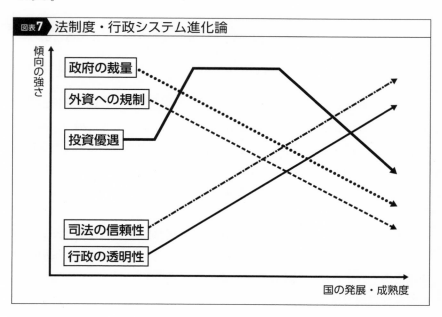

図表7　法制度・行政システム進化論

傾向の強さ

政府の裁量
外資への規制
投資優遇
司法の信頼性
行政の透明性

国の発展・成熟度

（4）複雑な状況を図で描いてみる

　一般化の方法として、複雑な状況を図で描いてみるというアプローチもある（[図表8] 参照）。

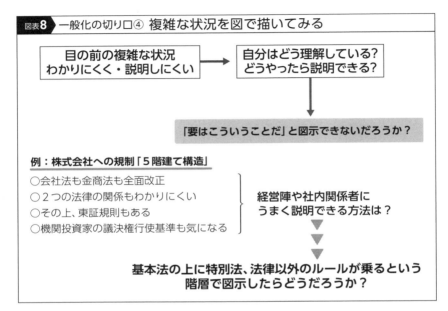

図表8　一般化の切り口④ 複雑な状況を図で描いてみる

目の前の複雑な状況
わかりにくく・説明しにくい　→　自分はどう理解している？
どうやったら説明できる？

「要はこういうことだ」と図示できないだろうか？

例：株式会社への規制「5階建て構造」

○会社法も金商法も全面改正
○2つの法律の関係もわかりにくい
○その上、東証規則もある
○機関投資家の議決権行使基準も気になる

経営陣や社内関係者に
うまく説明できる方法は？

基本法の上に特別法、法律以外のルールが乗るという
階層で図示したらどうだろうか？

　法務の仕事をしていると、わかりにくく、説明しにくい複雑な状況が目の前にあり、しかもそれを社内関係者に説明しなければならない場面に直面する。その際、自分はどう理解しているか、どうやったら説明できるかを自問自答するのだが、その際に「『要はこういうことだ』と図示できないだろうか？」と考えることから、説明しやすいフレームワークが創出できることもある。

　例えば、会社法と金融商品取引法が相次いで全面改正されたタイミングがあった。この2つの法律の関係はわかりにくく、その上、東京証券取引所の規則もある。さらに、機関投資家の議決権行使基準も気になる。これらを、経営陣や社内関係者にうまく説明できる方法はないかと考えたわけである。試行錯誤の末、基本法の上に特別法、法律以外のルールが乗るという階層で

図示したらどうかと考えたのが「株式会社へのルールと規制の5階建て構造」
（[図表9]）なのである。

図表9　株式会社へのルールと規制の5階建て構造

階	名称	内容
5F	機関投資家の議決権行使ガイドライン	取締役の選任、ストックオプションなどへの賛否推奨の基準
4F	証券取引所規則（上場会社が対象）	決算短信　適時開示　独立役員
3F	金融商品取引法（主に上場会社が対象）	有価証券報告書　J-Sox　インサイダー取引規制
2F	定款（各会社が自ら定める）	事業目的　機関設計　役員の数・選任
1F	会社法（すべての会社が対象）	事業報告　公告　会社法上の内部統制　株主総会

（5）キーワードとその組み合わせ

　一般化の方法として、複雑な状況を図で描いてみることを上述したが、わ
かりやすいキーワードやキーワードの組み合わせで説明することも考えられ
る（[図表10] 参照）。

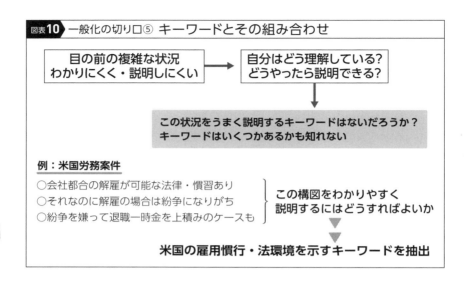

複雑な状況が目の前にあり、しかもそれを社内関係者に説明しなければならない場面に、この状況をうまく表すキーワードを考えることによって、説明が格段にしやすくなることがある。

例えば、米国で労務問題が発生した際には、米国では会社都合の解雇が可能な法律・慣習がある一方、解雇の場合は紛争になりやすいため、紛争を避けるために退職一時金を上積するケースがある。そのような場合には、なぜそうなるのかを経営層に説明しなければならなくなる。その説明の際に、実際に使ったキーワードが「Employment at Will」と「訴訟社会」である。**第2部第5章**で詳述するとおり、「Employment at Will」「訴訟社会」の意味するところを示した上で、その組み合わせで「米国労務案件の構図」を説明するのである（[**図表11**] 参照）。適切なキーワードを抽出し、必要により複数のキーワードを組み合わせることで、説明がしやすくなり、他の案件でも応用することができる。

図表11 ▶ 米国労務案件の構図

「Employment at will」×「訴訟社会」

<解雇の場面>
解雇された社員からの
「不当解雇」の訴え

<セクハラ・パワハラ等>
セクハラ・パワハラ等の問題の
被害者からの損害賠償請求

社員が会社を訴え、最後は和解金（＋退職合意）で決着という場面が多い
○労働法専門の弁護士への相談機会多い
○HR Manager は労働法の知識・経験が不可欠

これらの損害賠償・和解金に備えた雇用慣行保険の存在

（6）前回案件を次の案件に生かす

最後に、ごく当たり前のことのようだが、前回案件を次の案件に生かすという思考も重要である（[図表12] 参照）。

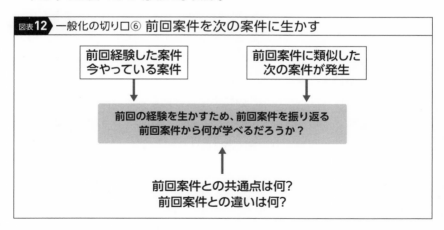

図表12 ▶ 一般化の切り口⑥ 前回案件を次の案件に生かす

前回経験した案件
今やっている案件

前回案件に類似した
次の案件が発生

前回の経験を生かすため、前回案件を振り返る
前回案件から何が学べるだろうか？

前回案件との共通点は何？
前回案件との違いは何？

法務担当者として、前回担当した案件がちょうど終わったとき、あるいは今やっている案件を抱えながら、それらの案件に類似した次の案件が発生す

ることもよくあるだろう。その際に、「前回の経験を生かすために前回案件から何が学べるだろうか？」と振り返るのである。そして、前回案件と新規案件の共通点・違い等を理解しながら、前回案件で成功したこと・失敗したこと等を新規案件に生かしていくのである。

　これはいつでもできるプロセスなので、あえて例示もしない。実際に自分の仕事に当てはめて、「前回案件を次の案件に生かす」ことを試していただきたい。

4 ｜ 一般化する力・応用する力を鍛える

　経験を一般化するための切り口については上述したが、本章の最後に、日常の中で一般化する力・応用する力を鍛える方法について記載する。

（1）案件・経験を振り返る

　上述の一般化の切り口とも重複するが、実際に担当した案件や経験を振り返ることが、一般化・応用の起点となる。その際には「要はどういう問題だったのか？」「この案件から学んだこと・教訓は何か？」「それを次にどう生かすのか？」という視点で振り返ることが重要である。

（2）振り返った結果を表現する

　案件・経験を振り返ったら、その結果を目に見える形で表現することが次のステップである。わかりやすい言葉で表現してみる、メモにまとめてみる、図に描いてみる等、自分なりに創意をし、「使いやすい」状態で残しておくことをお勧めする。

（3）マニュアル・ひな形化する

　そこから一歩進むと、法務部門内の他の担当者や営業等他部門の人が使うマニュアルやひな形等を作成するという方法がある。「このようなときにはこうすべきである」というマニュアルを作成する作業は、一般化・抽象化す

るプロセスに他ならない。まずは「自分が使う」というものでよいので、マニュアルとして残してみるとよい。目の前の業務の効率化をしつつ、一般化する力・応用する力を鍛えることにもなるという一石二鳥の効果が狙える。

（4）フレームワーク思考を勉強する

　最後に、フレームワーク思考を書籍等の座学で勉強することもお勧めしたい。拙書『スキルアップのための企業法務のセオリー』も法務の仕事を一般化したフレームワークを紹介しているが、ビジネス書・経営書には、経営戦略やビジネスでの戦い方を一般化・抽象化・理論化したフレームワークが多く紹介されている。

　例えば、「ファイブ・フォーシーズ」も、「バリュー・チェーン」も「PPM（プロダクト・ポートフォリオ・マネジメント）」も「エクスペリエンス・カーブ」も経営学者や戦略コンサルタントが創出したフレームワークなのである。ビジネス書を読み、そこに書かれた切れ味の鋭いビジネスのフレームワークを理解することは、自分の経験を一般化し応用するためのフレームワーク思考を身につける助けになるだろう。

第2章 答を創るということ

かつて主流であった欧米とのビジネスだけでなく、中国・東南アジア・インド・中南米等、さまざまな国との案件の増加にともない、法務担当者が「今までに経験のない」法務案件に直面する場面が急増している。そこで本章では、3つのケーススタディを通して、経験のない案件で一から答を創り出すための思考プロセスを身につけていく。

1 | 法務部門責任者の問題意識

前章では、法務の仕事においては、「経験をうまく次に生かせるか」が重要であり、そのためには「一般化」と「応用」という2つの思考プロセスが必要であると述べてきた。

その一方、まったく経験したことのない案件でも、一から頭をひねって答を創り出すことができるのが、経験豊富な企業法務担当者なのである。「経験をうまく次に生かす」ことと「経験したことのない案件でも答を創り出す」ことは、一見矛盾しているように思えるかもしれないが、これは経験豊富な企業法務担当者が、一から答を創り出す過程で、一般化したセオリーやフレームワークを使っている、ということである。

[図表13] は、「一から答を創り出す」ことに関する、法務部門責任者の問題意識を示している。

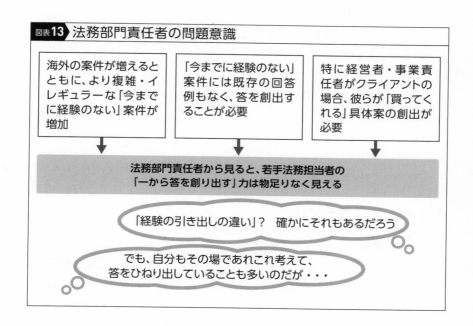

図表13　法務部門責任者の問題意識

海外の案件が増えるとともに、より複雑・イレギュラーな「今までに経験のない」案件が増加

「今までに経験のない」案件には既存の回答例もなく、答を創出することが必要

特に経営者・事業責任者がクライアントの場合、彼らが「買ってくれる」具体案の創出が必要

法務部門責任者から見ると、若手法務担当者の「一から答を創り出す」力は物足りなく見える

「経験の引き出しの違い」？　確かにそれもあるだろう

でも、自分もその場であれこれ考えて、答をひねり出していることも多いのだが・・・

　多くの日本企業において、海外、それも欧米だけではなく中国・東南アジア・インド・中南米等、さまざまな国の法務案件が急増している。そのような状況の中で、より複雑でイレギュラーな「今までに経験のない」案件が増加しているのである。そして、そのような「今までに経験のない」案件には既存の回答例がないため、一から答を創り出す必要に迫られる。特に、複雑でイレギュラーな案件においては、経営者や事業責任者に直接回答しなければならないことも多い。経営者や事業責任者をクライアントとする場合は、事業や経営について常に思案を巡らせている彼らが「買ってくれる」ような、具体案の創出が求められる。

　このような状況に日々直面する法務部門責任者から見ると、若手法務担当者の「一から答を創り出す」力は物足りなく見えるものなのである。では、そのような場面における、若手法務担当者と経験豊富な法務担当者の実力の差は、はたしてどこから来るものだろうか。「経験値の違い？」「引き出しの豊富さの違い？」確かにそれもあるだろう。しかし、法務部門責任者といえ

ども、今までに経験のない案件を前にした場合には、たやすく答が頭に浮かぶわけではない。その場であれこれ考えて、答をひねり出していることも多いのである。

「あれこれ考えて、答をひねり出す」。その過程を、セオリーやフレームワークとして一般化することは難しい。そこで本章では、架空のケースを用いて、頭をひねって答を創り出すプロセス・考え方を示すことにより、「一から答を創り出す」ためのヒントを示したい。

2 | ケーススタディ①

(1) 案件の概要

[図表14] は、ケーススタディ①の案件の概要を示している。案件は、M&Aにおいて発見された問題をどう処理するかという課題である。M&Aについては第2部第3章に詳述するので、そちらもあわせて読んでいただければ、さらに理解が進むことと思う。

図表14 案件概要①

1. 日本の電子部品メーカーのA社は、英国投資ファンドの提案により、ドイツの競合メーカーB社の買収を検討

2. 買収時の法務デューデリジェンスにおいて、B社日本法人が次のような契約を締結していることがわかった
   ・米国C社とX商品の代理店契約を締結しており、B社日本法人はX商品の日本における独占販売権を有している
   ・B社日本法人にとってC社のX商品は売上の3割を占める重要商品
   ・代理店契約の中に競合禁止(競合商品の取扱い禁止)条項あり
   ・競合禁止の対象はB社日本法人だけでなくその関係会社を含む
   ・代理店契約の有効期間は、あと3年残っている

3. A社はもともとX商品と競合するY商品を取り扱っている

**そのままB社を買収すると、どのような問題が発生するか？
また、それに対してどのような対応が考えられるか？**

　A社は、この買収の検討以前から、X商品と競合するY商品を取り扱っており、日本および海外で販売をしていた。

　このようなケースにおいて、そのままB社を買収すると、どのような問題が発生するだろうか。また、その問題を解決するためにどのような対応が考えられるだろうか。その答を創り出さなければならない。

（2）問題の特定とゴール設定（[図表15]）

　ここでまず考えるのは、そのままB社を買収すると、どのような問題が発生するかということ、つまり「問題の特定」である。

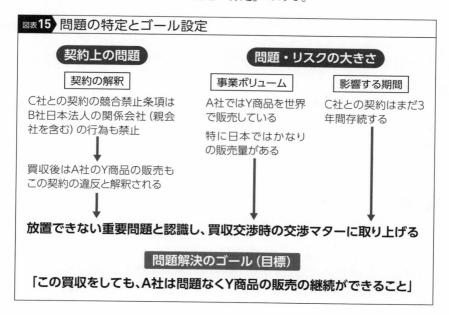

図表15　問題の特定とゴール設定

契約上の問題	問題・リスクの大きさ	
契約の解釈	**事業ボリューム**	**影響する期間**
C社との契約の競合禁止条項はB社日本法人の関係会社（親会社を含む）の行為も禁止	A社ではY商品を世界で販売している 特に日本ではかなりの販売量がある	C社との契約はまだ3年間存続する
買収後はA社のY商品の販売もこの契約の違反と解釈される		

放置できない重要問題と認識し、買収交渉時の交渉マターに取り上げる

問題解決のゴール（目標）

「この買収をしても、A社は問題なくY商品の販売の継続ができること」

　まずは「契約上の問題」として、契約書の競合禁止条項の解釈を検討するだろう。C社との契約の競合禁止条項がB社日本法人の関係会社（親会社を含む）の行為も禁止していることを読み取れば、買収後はA社自身がB社日本法人の関係会社となってしまうため、A社によるY商品の販売もこの契約の違反と解釈されてしまうことがわかる。

　次に、事業への影響を評価する。まず量的な面で言うと、A社ではY商品を世界で販売しており、特に日本ではかなりの販売量があり、それを捨てるわけにはいかないことがわかった。また、C社との契約はまだ有効期間が3年間残っており、影響する期間の面でも大きいことがわかった。

　その結果、法務部門としては、本件を「放置できない重要問題」と認識し、買収交渉時の交渉マターに取り上げることになるだろう。また、この場合の問題解決の「ゴール（目標）」は、「この買収をしても、A社は問題なくY商品の販売の継続ができること」と定義できる。

（3）問題解決のための対応策

　では、本件をどのように交渉し、どう解決すればよいだろうか。このような場合に、何か使えるフレームワークがないかについても考えるべきである。ここで使えるのは、「デューデリジェンスで発見された問題への対応」というフレームワーク（[図表16] 参照。詳細は第2部第3章 [図表65] 参照）である。すなわち、①買収価格の見直し、②契約上の責任明確化、③「買収実行前に解決」が買収の前提条件、④買収方法（取引スキーム）の変更、⑤買収のとりやめ、という一般的な対処策に、今回の問題を当てはめて考えるのである。

図表16　フレームワークの活用

デューデリジェンスで発見された問題への対応（一般的フレームワーク）	①買収価格の見直し ②契約上の責任明確化 ③「買収実行前に解決」が買収の前提条件 ④買収方法（取引スキーム）の変更 ⑤買収のとりやめ

　上記の問題にこのフレームワークを適用すると、問題解決のためのとり得るオプションとして、[図表17] のような選択肢が考えられる。

図表17 問題解決のためのとり得るオプション

とり得るオプション

① 本件の問題（例えばＡ社によるＹ商品販売停止に
ともなう利益の減少）を数値化し、買収価格を減
額する
（例）Ａ社によるＹ商品販売停止にともなう利益の減少

② 買収後、Ｃ社からクレームがついた場合に、事後
的に売り手（現在のＢ社株主）に損害賠償させる

③ **買収前に契約を修正させる（クロージング条件に
追加）**

④ 重大な問題と見れば、B社日本法人を買収対象か
ら外す

買収後の問題・全体への影響が少ない③を選択して交渉

　次に、このオプションを評価して、この中で取捨選択するという思考プロ
セスに入る。上記のうち①については、理論的にはあり得ても、現実に減額
すべき額を数値化して交渉で合意するのは相当困難だと想定される。②につ
いては、損害賠償は約束させるとしてもＡ社は潜在的紛争リスクを抱えるこ
とになる。④については、もともと買収対象だった会社をこの問題のためだ
けに外すのは、あまり合理的な解決策とは言えない。そのように考えると、「買
収後の問題や買収全体への影響の少ない③を選択して交渉」という結論が見
えてくる。

（4）本問題の解決（交渉と決着）

　「買収前に契約を修正させる（クロージングの前提条件に追加）」という提
案を持って売り手と交渉しても、そのまますんなり決着するとは限らない。
例えば、売り手であるＢ社親会社の投資ファンドは、クロージング条件に追
加することを強く拒否することも考えられる。

　一旦売却を開示しながら、結局成立しなかった場合、その後「問題物件」
として売れなくなることを懸念して、売り手としては不確定要素のあるク

ロージング条件を嫌う傾向もあるのである（[図表18] 参照）。

図表18 交渉と決着

○B社親会社の投資ファンドは、クロージング条件に追加することを強く拒否
（一旦売却を開示しながら、結局成立しなかった場合、その後「問題物件」として売れなくなることを懸念）

○同じ投資ファンド傘下の別会社も競合商品を扱っているが、C社は問題としていない

○B社社長は、C社の認識も競合禁止の範囲はB社グループ内のみであるとの意見

売り手の反応、新たな情報から、どのような代案を提示するか？

**クロージングの前提条件でなくても、
何らかの形で「C社が問題視しない」ことを事前確認できないかを交渉**

**問題解決のゴール（目標）を再確認
「この買収をしても、A社は問題なくY商品の販売の継続ができること」**

　また、交渉の中で、「同じ投資ファンド傘下の別会社も競合商品を扱っているが、C社は問題としていない」とか、「B社社長は、C社の認識も競合禁止の範囲はB社グループ内のみであるとの意見を持っている」等の新たな情報も出てくるかもしれない。

　実際の交渉においては、こちらの提案に対する相手方の反応や、新たに知り得た情報をもとに柔軟に代案を考えなければならない。その際に忘れてはならないのは、この場合の問題解決のゴール（目標）である。本件におけるゴールは、「この買収をしても、A社は問題なくY商品の販売の継続ができること（C社からクレームを受けたり、訴訟提起されたりしない）」であった。このゴールと「C社は、B社グループ以外は（同じ親会社であっても）問題視しないらしい」という情報をあわせて考えると、クロージングの前提条件でなくても、何らかの形で「C社が問題視しない」ことを書面で確認できないかといった交渉をすることが考えられる。

　そのような交渉の結果、例えば次のような合意をするといったことが、決

着点としての「答」となり得るのである。

① クロージング条件ではなく、買収契約締結前に「A社とその関係会社はこの契約に制約されない」旨のC社の確認をとる（その際はC社と秘密保持契約を締結した上で、A社が買収する計画を明かす）。
② C社を警戒させないよう、正式な修正契約でなく、ソフトな確認レター形式とする。
③ 交渉の窓口はC社社長と面識のあるB社社長があたる。

　この架空のケースにおいては、買収契約締結前に確認レターへのC社社長のサインを取得し、予定通り買収を実行した。しかし、買収後1年が経過した時点で、本件に関連する新たな案件が発生するのである。

3 ｜ ケーススタディ②

（1）案件の概要
　ここで2つ目の架空のケースを考えてみよう。[図表19]は、ケーススタディ②の案件の概要を示している。

図表19 案件概要②

○ A社は英国に欧州向け販売会社を有するが、販売網は弱く、主に在欧州の日系企業向けに英国法人で販売
○ A社はドイツの競合メーカーB社を買収（ケーススタディ①参照）
○ B社はドイツが本社だが、主要国には販売子会社を持ち、代理店網も整備
○ そこで、A社商品をB社およびB社代理店を通じて販売することを計画
○ 本格販売を開始する前に、B社の欧州の営業が1ヵ月間の顧客訪問時に、A社カタログを持参して配布し、どの程度関心を持ってもらえるか反応を見ることになった
○ カタログ掲載の商品の一部にY商品がある
○ Y商品をA社が販売することは、ケーススタディ①で解決済み（しかしA社の欧州でのY商品販売実績はごくわずか）
○ Y商品をB社が販売することは、C社とB社日本法人との契約上の競合禁止条項に違反することになる
○ B社が実際に販売はせず、Y商品が掲載されたカタログを配布するだけでも違反になるかという懸念が浮上

**B社欧州営業がA社カタログを持参して顧客に配布することは問題か？
問題であればどのように対応すべきか？**

　ケーススタディ①で検討したM&Aの1年後、M&Aのシナジーを発揮する1つのプロジェクトとして、買収したB社の販売網を使って、A社商品の欧州での販売を進めることになった。

　背景として、A社は英国に欧州向け販売会社を有するが、販売網は弱く、主に在欧州の日系企業からの注文に対して、英国法人が細々と販売していたのが実態であった。それに対し、ドイツに本社を持つB社は、欧州の主要国に販売子会社を持ち、販売子会社がない国においても代理店網が整備されていた。そこでA社は、A社商品をB社およびB社代理店を通じて販売することを計画することになった。

　ただし、本格販売をする前に、1ヵ月程度の期間を設定し、B社の欧州の営業部隊の顧客訪問時に、A社カタログを持参して配布し、B社顧客にどの程度関心を持ってもらえるか反応を見ることになった。

そのA社カタログ掲載の商品の一部にY商品がある。Y商品はケーススタディ①で触れたC社のX商品と競合する商品である。A社自身がY商品を販売することは、ケーススタディ①で解決済みである。しかし、現時点で、A社の欧州でのY商品販売実績はごくわずかである。

Y商品をB社が販売することは、C社とB社日本法人との契約上の競合禁止条項に違反することになる。今回、顧客訪問・ヒアリングを実施するにあたり、B社が実際に販売はせず、Y商品が掲載されたカタログを配布するだけでも違反になるかという懸念が浮上した。

そこで、B社欧州営業がA社カタログを持参して顧客に配布することはC社との契約上問題か、問題であればどのように対応すべきか、その答を創り出さなければならない。

(2) 案件・クライアントの状況とゴールの設定

本事例では、「B社欧州営業がA社カタログを持参して顧客に配布することは、C社との契約上問題か」という形で、すでにある程度問題は特定されている。それに対して、求められているのは、契約の解釈論ではなく、それを踏まえて具体的にどうすればよいのかという「答（提案）」なのである（[図表20] 参照）。

図表20 案件の状況・クライアントの状況とゴール設定

本案件の状況

○B社欧州を通じたA社商品販売は、買収のシナジーを得る重要プロジェクト
○すでにカタログをドイツに発送して、顧客訪問の準備にかかっている
○B社日本法人にとって、C社商品は重要
○C社との今後の関係の方針は決まっていない

ゴール（目標）：
「C社との紛争リスクをミニマイズしながら、
速やかに顧客訪問プロジェクトを開始すること」

クライアントの状況

○直接のクライアントは買収したB社の社長だが、A社の常務が本件の責任者
○C社との契約のリスクを理解した上で、「どうすべきか」を相談してきている

○リスク指摘だけでは答にならない
○B社社長・A社常務の決断を促す具体的解決策を提示することが必要
○複数オプションの提示もあり得る

　そのような提案を検討するにあたっては、本件のゴール（目標）を設定しなければならない。そのためにまずは、本案件の状況を整理しよう。

　そもそも、このB社欧州を通じたA社商品販売は、買収のシナジーを発揮するための重要プロジェクトと位置付けられている。また、事業部門では、すでにカタログをドイツに発送して、顧客訪問の準備にかかっている。一方、B社日本法人にとって、現時点ではC社商品は重要な商品ラインアップの1つである。また、中長期的にC社との今後の関係をどうするか（強化するか、継続するか、解消するか）の方針は決まっていない。

　このような状況であれば、本件のゴールを「C社との紛争リスクをミニマイズしながら、速やかに顧客訪問プロジェクトを開始すること」と設定できるだろう。そして、事業部門ともそのゴールを共有し、認識に違いのないことを確認するのである。

　また、具体的にどのようなアウトプットをめざすのかを考える上では、法務部門に相談をしてきた社内のクライアントの状況もつかんでおくべきである。このケースでは、直接のクライアントは買収したB社の社長だが、B社買収を指揮したA社の常務が本件の責任者である。そしてB社社長・A社常務ともに、C社との契約のリスクを理解した上で、「どうすべきか」を相談してきているのである。

　そのようなクライアントの状況を考えれば、リスク指摘だけでは答にならないことは明白である。つまり、B社社長・A社常務の決断を促す具体的解決策を提示することが必要なのである。一方で、案件の性質上唯一絶対の答があるわけではないので、複数のオプションを提示し、選択してもらうことも一案であろう。

（3）契約の解釈の再確認

　上記のゴールと、アウトプットのイメージをもとに、具体的解決策を検討するのであるが、その前に、問題の競合禁止条項の内容を再確認する必要があるだろう。ここでは、当該条項における競合禁止の範囲が次のように定められていたとしよう。

> manufacture, sell, or <u>assist other persons to manufacture or sell, directly or indirectly</u>, any goods which is competitive with the X Products.

　このような定めであれば、第三者のアシストをすることも禁止とされており、競合禁止の範囲が非常に広いと解釈せざるを得ない。

（4）問題解決のためのアイディア出し

　次に、具体的な答（解決への提案）を創り出していかなければならない。本件のように、唯一の答があるわけではなく、さまざまな対応が考えられる案件においては、まずは問題解決につながりそうなアイディアをアトランダムに出していくことが有効である。具体的な方法は、法務部門内でのブレインストーミングでもよいし、それも難しい場合は、思いついたことを次々に書

き出していく「一人ブレインストーミング」でもよいだろう（ちなみに筆者は、複雑な問題の処理にあたっては、ホワイトボードを利用し、全体像やゴールを書いた上で、アイディアを書き出していくということをよく行っている）。

アイディア出しの過程で、例えば[**図表21**]で挙げるような複数のアイディアが出てきたとしよう。

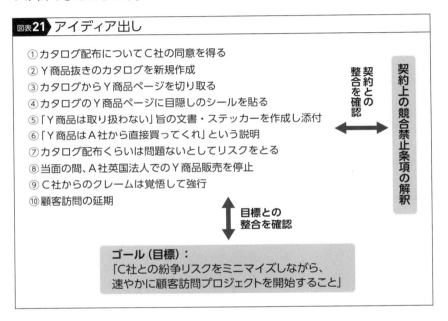

図表21　アイディア出し

① カタログ配布についてＣ社の同意を得る
② Ｙ商品抜きのカタログを新規作成
③ カタログからＹ商品ページを切り取る
④ カタログのＹ商品ページに目隠しのシールを貼る
⑤ 「Ｙ商品は取り扱わない」旨の文書・ステッカーを作成し添付
⑥ 「Ｙ商品はＡ社から直接買ってくれ」という説明
⑦ カタログ配布くらいは問題ないとしてリスクをとる
⑧ 当面の間、Ａ社英国法人でのＹ商品販売を停止
⑨ Ｃ社からのクレームは覚悟して強行
⑩ 顧客訪問の延期

契約との整合を確認　契約上の競合禁止条項の解釈

目標との整合を確認

ゴール（目標）：
「Ｃ社との紛争リスクをミニマイズしながら、速やかに顧客訪問プロジェクトを開始すること」

このアイディア出しの過程では、「無理かな」と思う案についても、最初からはねつけずに、一旦は書き出しておくのがよい。そのアイディア単独では使えなくても、他のアイディアと組み合わせることによって「使える提案」になる可能性があるからである。

（5）取捨選択と回答案の決定

アイディアがほぼ出尽くしたら、その中から取捨選択し、クライアントに提示できる回答案を創っていくことになる。その際重要なのは、初期に設定したゴール（目標）との整合性を確認することである。この場合は、ゴール

は「C社との紛争リスクをミニマイズしながら、速やかに顧客訪問プロジェクトを開始すること」なので、各アイディアがこのゴールにつながるかという視点で取捨選択するのである。もう1つ、このケースでは、C社との契約への抵触リスクが問題となっているのだから、契約上の競合禁止条項との整合性も確認しなければならない。

　これらの視点で、先に出たアイディアを洗い出していくと、例えば次のような評価ができるだろう。

① カタログ配布についてC社の同意を得る

✕	交渉方針確立しておらず、時間もかかるので非現実的

② Y商品抜きのカタログを新規作成

△	時間・コストがかかり好ましくはないが、最悪はこれもあり得る

③ カタログからY商品ページを切り取る

④ カタログのY商品ページに目隠しのシールを貼る

✕	これら2つはカタログの外見・体裁を考えると非現実的

⑤ 「Y商品は取り扱わない」旨の文書・ステッカーを作成し添付

◯	これはあり得る

⑥ 「Y商品はA社から直接買ってくれ」という説明

✕	これは他社による販売をアシストする行為として契約違反となりそう

⑦ カタログ配布くらいは問題ないとしてリスクをとる

✕	C社との紛争リスク残る

⑧ 当面の間、A社英国法人でのY商品販売を停止

◯	リスク回避にはよい案かもしれない

⑨ C社からのクレームは覚悟して強行

✕	C社との紛争リスク残る

⑩ 顧客訪問の延期

✕	事業上の目的達成につながらない

　上記のような評価となった場合は、クライアントへの回答としては、⑤・

⑧を組み合わせて次のような内容が考えられる。

・カタログに折り込みチラシを入れる、ステッカーを貼る等の方法で、「Y商品についてはB社欧州では取り扱わない」旨を明示した上で、顧客にカタログを配布する。これにより、競合商品は取り扱っていないことをC社にも示すことができる。

・さらに、事業上許容できれば、当面の間A社英国法人でのY商品販売を停止することで、紛争リスクをほぼゼロにすることができる。A社が欧州でY商品を販売していないのであれば、B社欧州がその販売をアシストすることもあり得ないからである。

4 | ケーススタディ③

(1) 案件の概要

ここでもう一つ全く別のケースを考えてみよう。[図表22] は、ケーススタディ③の案件の概要を示している。

図表22 案件概要③

○当社IT部門では、米国のD社のクラウドサービスを一昨年から利用
○D社より、料金モデル変更の連絡が来た
○従来のユーザー数での課金から、使用したITインフラリソースで従量課金へ変更
○当社の現在の利用方法においては利用料金が20倍以上になる見込み
○D社の利用規約では、D社は30日前の通知で価格変更できることになっている
○IT部門トップのCIOより、「最初は安くして、あとから急に高くするというやり方は詐欺ような手口であり、法務にも相談してしっかり対応すべき」との指示あり
○D社の価格改定について、拒否又は何らかの交渉ができないか

このケースはクラウド上のIT関連サービスに関する案件である。当社IT部門では、米国の新興IT企業であるD社のクラウドサービスを一昨年

から利用していた。そのＤ社より、本年度の契約更新にあたって、料金モデル変更の連絡があった。変更は、従来のユーザー数に応じた課金から、使用したＩＴインフラリソースで従量課金へ変更というもので、当社の現在の利用方法においては利用料が20倍以上になる見込みである。また、Ｄ社との契約では、Ｄ社は30日前の通知で価格変更できることになっている。ＩＴ部門トップのCIOより、「最初は安くして、あとから急に高くするというやり方は詐欺のような手口であり、法務にも相談してしっかり対応すべき」との指示があり、ＩＴ部門のマネージャーから、Ｄ社の価格改定について、拒否または何らかの交渉ができないかとの相談があった。なお、米国の関係会社の社内弁護士に相談したところ、「Ｄ社は契約上料金を変更する権利があり、今回の変更は法律違反とまではいえない」との初期回答であった。

(2) 案件・クライアントの状況とゴールの設定

　本ケースでも、案件・クライアントの状況と目標（ゴール）の設定から入ろう。

　ＩＴ部門の状況として、このＤ社サービスをよく使っており、すぐに他社に切り替えることは困難である。したがって、継続使用を強く希望し、今回の値上げに関して先方と交渉を想定している。一方で、米の社内弁護士の見解では、あまり強い法的主張はない。それらを考えると、訴訟で争うような案件ではなく、「先方との交渉によって、値上げ幅をできるだけ抑える」ことがゴールとなる。そして、そのための法務の役割は「交渉の材料を提供する」ことにある。

　また、ＩＴ部門は早々にＤ社との交渉を予定している。そのような状況においては、「争ったときに勝てるか」の評価を求められているわけではない。それよりも「交渉の材料」として、交渉において「使えるストーリー」を提示することが必要となる。そして、交渉において、相手が「それを言われるとまずい」と嫌がる主張・ストーリーができないかを検討することになる（[図表23] 参照）。

図表23 案件③の状況と目標（ゴール）の設定

<本案件の状況>
・ＩＴ部門ではよく使っているサービスであり、すぐに他社に切り替えることは困難
・米法務の見解では、あまり強い法的主張はない
・訴訟で争うような案件ではない
・ＩＴ部門は今回の値上げに関して先方と交渉を想定

目標（ゴール）：「先方との交渉によって、値上げ幅をできるだけ抑える」
そのために法務は「交渉の材料を提供する」

<クライアントの状況>
・ＩＴ部門マネージャーは、CIOからも「法務に相談せよ」の指示を受けている
・早期に先方との交渉を予定している

・「争ったときに勝てるか」の評価を求められているわけではない
・交渉において「使えるストーリー」を提示することが必要
・相手が「それを言われるとまずい」と嫌がる主張・ストーリーができないか

（3）契約の解釈の再確認

上記のゴールに基づいて、交渉の材料・ストーリーを検討するのであるが、やはりここでも、価格改定に関する契約条項を再確認する必要があるだろう。ここでは、当該条項における競合禁止の範囲が次のように定められていたとしよう。

Company D reserves the right to change the fees or applicable charges at the end of the initial term or then current renewal term, upon thirty (30) days prior notice to the User.

確かにＤ社には価格変更権があると書かれているが、この条項についても何らかの主張の余地がないかを検討することになる。

（4）問題解決のためのアイディア出し

　本件においても、交渉の材料・ストーリーとして唯一の答があるわけではなく、さまざまな主張が考えられる。したがって、やはりまずは交渉に使えそうな材料・主張をアトランダムに出していくことが有効である。

　アイディア出しの過程で、例えば[図表24]で挙げるような複数のアイディアが出てきたとしよう。ここでは、詐欺、ベンダーロックインに基づく不当要求、継続的取引の法理、契約の価格変更条項の解釈論、重大な変更に対する予告期間の不足、優越的地位の濫用等の主張案が考えられる。次に、これらの中で米のITサービスベンダーD社に刺さりそうな（D社が嫌がりそうな）論点は何か、論点をどう組み合わせて、ストーリーを作るかを考えることになる。

図表24 ▶ 案件③のアイディア出し

1. 詐欺　　これは何らかの形で言っておきたい
   安価で釣って急な大幅な値上げは、fraudに当たるのではないか

2. ベンダーロックインに基づく不当要求　　ITベンダーは嫌がる論点？
   自社システムにロックインさせた上で、急に大幅に値上げするのは不当ではないか

3. 継続的取引の法理　　長期の継続的取引に依存とまでは言えない
   一定期間、継続的に取引を続けている関係があり、突然の値上げを不当として拒否することができないか。

4. 契約上の価格変更条文の範囲を超えている　　やや屁理屈だが解釈論としてありえる
   Pricing Mechanismの変更は、change the feesにて想定している範囲を超えているのではないか（解釈問題）

5. 契約の重要事項変更に対する事前通知期間が不適切　　相手に刺さりそうにない

6. 優越的な地位の濫用　　優越的地位とまでは言えそうにない
   D社が該当の業界で優越的な地位にあると言えるほどのシェアがある場合、濫用を主張できるのではないか

▼

この中で相手（米のITサービスベンダー）に刺さりそうな論点は何か？
論点をどう組み合わせて、ストーリーを作るか？

　その過程で、上記の論点を補強する材料はないかと考え、例えばベンダーロックインで検索すると、日本の公正取引委員会が、ベンダーロックインと

独禁法の問題に注目していること等がわかるかもしれない。

　そのような調査結果を踏まえれば、ベンダーロックインを中心に、一方的な通知での20倍もの価格上昇は不当であり、受け入れられないという主張が考えられる。具体的には、「当初安いFeeで契約をしておき、使い慣れた時点で莫大な値上げをするということを意図的に行っているなら、詐欺的な行為に当たり得る。そのような意図はなかったとしても、ユーザーがサービスを日常的に使って他のサービスに切り替えるのにコストのかかる、いわゆる『ロックイン』の状態になった段階で莫大な値上げをすることは、優越的地位の濫用や不公正な取引方法に当たり得る」といったストーリーにすることが考えられる。また副次的に「今回の値上げ提案は、課金方法を根底から変更するものであって、Feeの変更の範囲を超えている。Feeの変更で、支払う対価が20倍にもなることはあり得ない」といった主張を加えても良いかもしれない。

　さらに、交渉する当事者に対しては、他のサービスへの切り替えというBATNA（Best Alternative To Negotiated Agreement：交渉決裂時の次善のオプション）を考えておくことや、複数年契約の可否の検討（BATNAより良い条件で合意できるなら、複数年契約にすることも検討）等をアドバイスすることも考えられる。

　このようにして、当社側の交渉当事者がどのように話をもっていくのか、それに対して相手の会社はどのような反応を示しそうなのかを想像しながら、交渉においてより使える材料・ストーリーになるように組み立てていくのである。

5 ｜ 「答を創る」ための思考プロセス

　ここまで、3つのケーススタディを使って、経験のない案件で一から答を創り出すためのプロセスや考え方を示してきた。最後に「答を創る」ための思考プロセスを一般化し、再度振り返ってみたい。［図表25］は、そのプロセスを図示したものである。

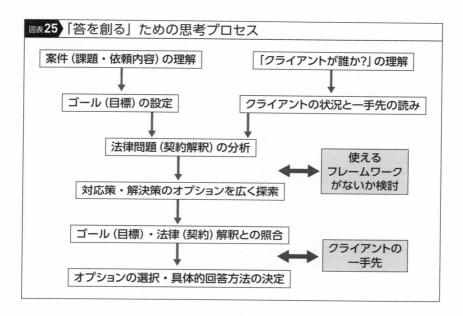

図表25 「答を創る」ための思考プロセス

案件（課題・依頼内容）の理解

「クライアントが誰か?」の理解

ゴール（目標）の設定

クライアントの状況と一手先の読み

法律問題（契約解釈）の分析

使える
フレームワーク
がないか検討

対応策・解決策のオプションを広く探索

ゴール（目標）・法律（契約）解釈との照合

クライアントの
一手先

オプションの選択・具体的回答方法の決定

　まずは、当然のことながら、案件を理解することである。どのようなリスクや課題・懸念事項があり、どのような依頼を受けているのかという理解である。それに基づいて、その案件を解決するためのゴール（目標）を設定するのである。ケーススタディ①では、「この買収をしても、A社は問題なくY商品の販売の継続ができること」がゴールであり、ケーススタディ②では、「C社との紛争リスクをミニマイズしながら、速やかに顧客訪問プロジェクトを開始すること」がゴールであった。また、ケーススタディ③では、「先方との交渉によって、値上げ幅をできるだけ抑える」ことであった。

　その一方で、その案件におけるクライアントは誰で、どのような立場に置かれているかについての理解も必要である。これをスムーズに行うために、普段から社内各部門のキーパーソンとコミュニケーションをとっておくことも重要であろう。そして、クライアントが法務部門からの答を受けた後どのように行動するのかを読むことにより、クライアントの「次の一手」に合わせた的確な答を創ることにつなげるのである。

　ゴール（目標）と「クライアントの一手先」を頭に入れながら、具体的な

作業としては、まずは法律問題や契約の解釈の分析が必要となる。ケーススタディでは、①②ともC社との契約における競合禁止条項の解釈が問題となった。ケーススタディ③では、「クライアントの一手先」が先方との交渉なので、法的な勝算ではなく、交渉で使える材料を提供することがポイントであった。

　次に、対応策・解決策のオプションを広く探索する過程に入る。この過程で、既知のセオリーやフレームワークが使えないかについてもあわせて検討する。ケーススタディ①では、デューデリジェンスで発見された問題への対応という一般的フレームワークに当てはめて、とり得るオプションを抽出した。また、ケーススタディ②および③では、「アイディア出し」でさまざまなオプションを出す手法を紹介した。

　オプションを広く探索したら、次はそこから取捨選択することになる。この際には、設定したゴールおよび法律（契約）解釈と照合し、各オプションがそれらの点で整合性があるかの評価を行う。その上で、クライアントが次にどうしたいのかという「一手先」の読みを加えて、具体的な「答」を提示するのである。

第3章 プレゼンテーション

　研修、会議、役員会等、法務担当者がプレゼンテーションを行う機会は少なくない。本章では、プレゼンテーションの準備、資料作成の心得・技法を、法務担当者としての視点で整理していく。

1 ｜ プレゼンテーションが必要な場面

　企業の中では、さまざまな場面でプレゼンテーションが行われる。多くの場合は、「Microsoft PowerPoint」等のプレゼンテーションソフトを使って、スクリーンに資料を映写する形式で行われる。これは法務部門にとっても無縁でなく、例えば［図表26］のような場面で、プレゼンテーションが必要となる。

図表26 プレゼンテーションが必要な場面

○ **研修**
　▷法務研修
　▷コンプライアンス研修

○ **会議での発表**
　▷プロジェクトの法務関連の進捗
　▷法改正の影響・ポイント等

○ **役員会等での報告**
　▷重大訴訟・紛争の進捗
　▷重要な法改正と会社の方針
　▷ M&A 等の重要案件の法務面の報告

（1）研修
　社内での法務研修・コンプライアンス研修で説明するような場面である。例えば、契約・独禁法・知的財産権等の法務研修や、コンプライアンス・企業倫理全般についての研修を定期的に行っている会社は多いだろう。このよ

うな研修においては、「面倒くさい」と思われがちな法律問題を、いかにわかりやすく、聞き手にとって自分の問題だと思ってもらえるように説明するかが重要になる。

（2）会議での発表

　次に、法務部門が特定の会議の一員として、会議の中で発表する場面である。例えば、会社設立・グループ内再編・M&A等の多部門が連携でするプロジェクトの会議において、法務関連事項の進捗を報告する場合や、法改正の影響を検討する会議で法律のポイントや会社への影響を説明する場面等がこれにあたる。このような会議の一員としての発表は、比較的短時間で説明しなければならないことが多く、要点を簡潔にプレゼンテーションすることが求められる。

（3）役員会等での報告

　さらに、取締役会・役員会等、会社の重要な意思決定を行う会議で報告することもあり得る。例えば重大な訴訟・紛争の進捗や、重要な法改正とそれについての会社の対応方針、M&A等の重要案件の上程時の法務面に関する報告等が考えられる。実際に、2015年には、会社法改正にともなう監査等委員会への移行の可否や、コーポレートガバナンス・コードへの対応について、法務部門が役員会等で発表することも多かったのではないだろうか。これらの場合には、法律全体を説明するのではなく、会社にとって重要な場面に絞り、「何を知ってもらいたいか」「何を決めてもらいたいか」というポイントを説明することが求められる。

　筆者の経験から見ると、企業の法務部門や法律事務所は、どちらかというとプレゼンテーションが得意でないことが多いように思う。さほど凝ったプレゼンテーションをする必要はなくとも、伝えたいことをしっかり伝えて理解してもらうために、プレゼンテーションの心構えや最低限の技術については身につけておく必要がある。

2 | プレゼンテーション準備の前に

　実際にプレゼンテーション資料（以下「プレゼン資料」という）作成等の準備に入る前に、まずは、次の3点について自問自答してほしい（[図表27]参照）。

図表27 プレゼンテーション準備の前に

○ **何を伝えたいのか**
　▷伝えたいメッセージは何か？
　▷何を理解してほしいのか？
　▷どのようなアクションにつなげたいのか？

○ **誰に伝えたいのか**
　▷対象者は誰？
　▷対象者の知識・理解レベルは？

○どのように表現すれば理解しやすいか
「伝えたいメッセージ」×「対象者」で考える

（1）何を伝えたいのか

　まずは、そのプレゼンテーション全体として、「伝えたいメッセージは何か」「何を理解してほしいのか」を発表者自身が明確に理解し、語れなければならない。さらに、そのメッセージを聞いた人に「どのようなアクションを期待するのか」についても、あらかじめイメージしておく必要がある。

　例えば、役員会で2015年の会社法改正に基づく監査等委員会について初めて発表する場合、監査等委員会とはどのような制度で、現行の制度とどのような違いがあり、どのような会社が導入しようとしているのかといった点を理解してもらい、それに対する疑問点や意見・賛否等を表明してもらう（期待するアクション）ことが目的となるかもしれない。

　では、本書の読者が自社内で法務研修（「契約」や「独禁法」等）を行っている場合、その伝えたいメッセージ、理解してほしいこと、期待するアクションは何だろうか。この問いに明確に答えられないのであれば、法律情報を発散するだけの「自己満足型のプレゼンテーション」になっている可能性がある。

（2）誰に伝えたいのか

　次に考えておくべきことは、その「プレゼンテーションの対象者は誰か」という点である。つまり、どのような職掌の、どのような階層の人が何人くらい参加するのかといった点である。また、そのプレゼンテーションのテーマについての対象者の知識や理解度によっても、話すべき内容は異なる。例えば、独禁法研修をするのであっても、新入社員向け研修の一環で行う場合と、営業部門の責任者を対象に行う場合では内容が違うはずだ。

　法務部門主催の研修のように、自らが主催する場合は、自ら対象者を設定することも考えられる。例えば、契約についての研修を行う場合でも、「契約書の締結・押印の基礎的なところを教えて、法務の負荷を減らしたい」という目的であれば、そのような業務を行う担当者クラスを対象にし、「重要顧客との交渉のポイントを伝え、交渉を少しでも当社に有利にしたい」という目的であれば、交渉の責任者となる部課長クラスを対象にすることが考えられる。

　しかし、対象者のレベルがまったく均質ということはあり得ないので、最も聞いてほしい層のレベルに合わせる、最も人数の多い層のレベルに合わせる等、ある程度の割り切りは必要である。

（3）どのように表現すれば理解しやすいか

　「何を伝えたいのか」「誰に伝えたいのか」が明確になったら、その内容をその対象者に伝えるには、どのように表現したら理解しやすいかを考える。そのためには、「対象者がどのような知識・理解レベルであり、どのような目的意識を持って参加しているか」についての想像力が欠かせない。

　例えば、新入社員の導入研修の一環として法務研修があるのであれば、「会社の仕事の中のどのようなところで法務との接点があるか」等をできるだけわかりやすく伝え、法律・契約等への関心を持ってもらうというのが目的となるだろう。そのためには、わかりやすく、初めての人に関心を持ってもらえるように表現するというのが基本スタンスとなる。

　ここで注意しておきたいのは、絵をたくさん入れたり、アニメーションを

多用したり、「派手な」プレゼンテーションをすることがわかりやすいとは限らないということである。まずは内容がわかりやすいこと、その上で、伝えたい内容をより明確にしたり強調したりするために視覚効果を使うと考えればよいだろう。そのようなプレゼンテーションの技術については後述する。

3 ｜ プレゼン資料作成の心得

　ここからは、実際にプレゼン資料を作成する際の基本的な心得を述べておきたい（[図表28] 参照）。

図表28　プレゼン資料作成の心得

○**聞き手に「自分の問題」と思わせる**
　▷何が問題なのか具体的に説明
　▷「法律の説明」はしない
　▷自社・他社の事例を活用

○**「ストーリー」を大切に**
　▷まずは頭の中に「ストーリー」を
　▷「ストーリー」の流れに沿った資料作成

○**書きすぎない**
　▷原則として、字は少なく・大きく（最小フォントを決めておく）
　▷持ち帰って資料として使うなら、字がやや多くても許容

○**最後に結論を**
　▷伝えたいメッセージのサマリー
　▷やってほしいアクション

(1) 聞き手に「自分の問題」と思わせる

　例えば法務研修やコンプライアンス研修の場を想定しよう。営業等の事業部門の人がそこに参加する際の心理はどうだろうか。おそらく「楽しいこと」「聞きたいこと」というよりも、「面倒だけど聞いておかなければならないこと」という意識の人が多いのではないだろうか。その中でプレゼンテーションを行うのだから、まず重要なことは、聞き手にとって「他人事・理屈の上

だけの話ではない」「自分の問題だ」と思わせることである。

そのためには、何が問題なのか、どのように自社・自部門に影響・関連があるのかをできるだけ具体的に示すことが必要である。そして、たとえ法務研修であっても、法律の規定に沿った「法律の説明」ではなく、実務で発生しそうなことを法律と結び付けて説明する「具体論の説明」を心がけよう。例えば、代理店等のチャネル政策と独禁法について説明するなら、「不公正な取引方法」を順に説明するアプローチではなく、「テリトリー制」「他社商品の取扱い禁止」「希望小売価格」等、実際に行いそうなことに沿って、法律上の注意点を説明するといったアプローチである。

さらに、自社や他社の実例についても触れ、実際に身近に発生する問題であることを強調するのもよいだろう。自社事例で実名を挙げて説明できるのであればそれが最も効果的だが、そうはいかないことも多いので、自社事例を少し加工して名前を変えて使ったり、新聞報道された他社事例を使ったりという工夫も必要となる。

(2)「ストーリー」を大切に

次に重要なのは、プレゼンテーション全体を通した「ストーリー」を持ち、その流れに沿った資料を作成するということである。

例えば、会社法の改正を役員会等の場で説明することを想定しよう。この場合、対象者は法務担当者ではなく役員である。役員の関心事は、会社法改正の詳細ではなく、「会社にとってどのような影響があり、何をしなければならないか」であろう。そう考えると、プレゼンテーションのストーリーは、「①法改正の基本的なコンセプトと実施時期、②主な改正点と会社として対応が必要な事項の一覧、③初年度に対応しなければならない事項（複数あれば、それぞれで1ページ）、④次年度以降対応しなければならない事項……」といったものが考えられる。

このようなストーリーをまず頭の中に描き、できればホワイトボード等に書き出して、全体のストーリーを整理してから、資料を作り始めるとよいだろう。[図表29]は、会社法改正の役員会説明を例に、ホワイトボードに書

き出したストーリーのイメージを表している。それぞれの四角形がスライド
1枚を意味している。

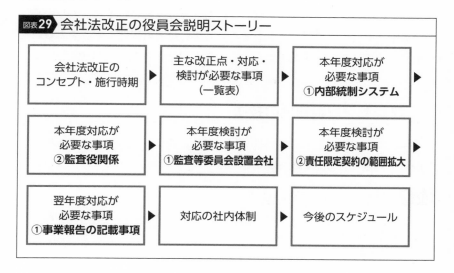

図表29　会社法改正の役員会説明ストーリー

（3）書きすぎない

　もう1つ重要な心得は「書きすぎない」ということである。スライドで映
写するようなプレゼン資料は、「字は少なく・大きく」が原則である。字の
大きさは、会場の広さ（参加者とのスクリーンの距離）によって許容される
レベルも異なるので、あらかじめ、本番と同じ会場で実際に映してみて、最
小フォントを定めておくとよい。会社によっては、会議等における最小フォ
ントを定めている場合もあるので、それらも事前に確認しておきたい。

　「字は少なく・大きく」が原則であるが、プレゼン資料自体を参加者が持
ち帰り、各部門で利用する場合は、やや詳しく書いておいた方がよい場合も
ある。例えば、法務研修で使ったプレゼン資料を、そのまま事業部門で使っ
てほしい場合等、ある程度文字は多くなっても、「読めばわかる」ものにす
べきこともある。

　資料の利用目的を考え、プレゼンテーションの場でのわかりやすさと、後
で資料を使う場合の使いやすさのバランスを考える必要がある。

（4）最後に結論を

　プレゼンテーションの最後には、プレゼンテーション内容のまとめ・結論を述べる。法務研修であれば、覚えて持ち帰ってほしいポイントのリマインド、参加者に何らかのアクションを求める場合はその内容、承認をもらいたい場合は「何について承認をもらいたいのか」といったことが結論となる。

4 ｜ プレゼン資料作成の技法

　次に、ここではプレゼン資料作成における、技法・テクニックについて少し触れておきたい（[図表30] 参照）。

図表30 プレゼン資料作成の技法

○ **シンプルに簡潔に**
　▷情報の構造がわかるように
　▷3行以上の文を書かない
　▷箇条書きの活用

○ **表現方法**
　▷箇条書き（例：時系列で経緯を説明）
　▷表（例：複数案の比較）
　▷図（例：因果関係を⇒で示す）
　▷グラフ（例：数値の変化を示す）

○ **フォント**
　▷映写用には太目のフォント
　▷色使い・字の大きさは統一する

○ **アニメーション**
　▷試しながら、効果的な活用を検討
　▷使いすぎない

　まず、プレゼン資料は「書きすぎないこと」と上述した通り、シンプルに簡潔に表現することが重要である。そのためには、「箇条書きを活用すること」を基本としつつ、文で表す場合も「3行以上の文を書かないこと」を原則としたい。また、箇条書きの大項目間、その下の小項目間の記載レベルを合わせる等、情報の構造がわかるような表現にすることも重要である。これらを

踏まえて、以下では実際の作成時の工夫等について述べる。

（1）表現方法

　表現方法として、まずは箇条書きが原則であることは上述の通りである。
［図表30］自体が箇条書きであるが、他の例として、時系列で経緯を説明するような場合も箇条書きが適している。

　次に表を使って説明することも考えられる。例えば、複数の制度や案の比較、とり得る選択肢のメリット・デメリットの検討等の場合は、表を使うことが適している。［図表31］は、表の使用例として、2015年に会社法が改正されて監査等委員会が導入された際に、3制度の社外役員の役割を比較したものを示している。

図表31　表の使用例：社外役員の役割

	監査役会設置会社		委員会設置会社 (指名委員会等設置会社)			監査等委員会設置会社 (新設)	
	取締役	監査役	指名委員会	報酬委員会	監査委員会	取締役	監査等委員
業務執行	−	−	−	−	−	−	−
取締役の選任	−	−	○	−	−	−	△ 意見陳述権
取締役の報酬	−	−	−	○	−	−	△ 意見陳述権
取締役会での意思決定	○	△ 出席し、発言する権利	○	○	○	○	○
監　査	−	○	−	−	○	−	○
備　考		社外が過半数	各委員会とも社外が過半数			社外が過半数	

　また、説明したいことの構図等を何らかの図として表現することもある。例えば因果関係を「⇒」で示すこと等は、よく使われているのではないだろうか。［図表32］は、同様に会社法改正時に、監査等委員会設置会社の概要を図示した例である。

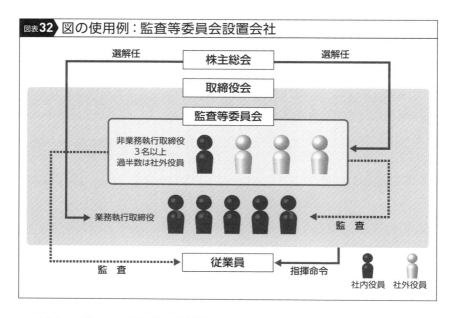

図表32 図の使用例：監査等委員会設置会社

最後に、グラフの活用が効果的なこともある。例えば、数値の変化を示すときに、数字の羅列よりグラフで示せば一目瞭然である。法務部門でグラフを使うことはあまりないかもしれないが、[図表33]は、架空の数字を使って、法務部門の月別業務処理件数を前年度との比較で示している。

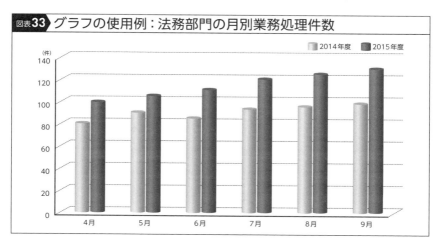

図表33 グラフの使用例：法務部門の月別業務処理件数

　このグラフからは、件数が前年度より大幅に増えており、それがさらに増加傾向にあることが読み取れる。法務部門の増員要求や生産性向上を説明したいのなら、このようなグラフは効果的だろう。

(2) フォント

　上述した通り、プレゼン資料において字を書きすぎない、字を大きくという原則を忘れてはならない。字の大きさについては、プレゼン資料中で可能な限り統一しておくことが望ましい。

　また、具体的なフォント選択についても、プロジェクタへの映写用には、明朝体のような細いフォントよりも、ゴシック体のような太目のフォントが適している。さらにゴシック系のフォントの中でもより太目のフォントとするのか、通常のゴシック程度の中間的な太さとしておき、強調したいところは太文字にするのか、等も自分の中でルールを決めておくとよい。

　さらに、文字の色についても、プレゼン資料中で一貫しておくことが望ましい。例えば「通常フォントは黒」「特に強調する部分は赤」等と決めておくとよいだろう。また、色をあれこれ使いすぎると、かえってポイントがわからなくなるので、2、3種類に限定しておくのがよいと思われる。

(3) アニメーション

　多くのプレゼンテーションソフトにはアニメーション機能が付いている。映写したプレゼン資料に出席者の目を引きとめるためには、アニメーションの活用が効果的なことも多い。例えば、法務研修において、参加者を指名して答えてもらうような場合、最初からすべてを映写するのではなく、何人か答えてもらった後に、アニメーションで「答」を示すといった使い方が考えられる。

　アニメーションは、使い始めると「あれもこれも」と多用してしまいがちだが、あまり多く使うと、見ている人にとってはうるさく感じられる。実際に画面上でアニメーションを試してみながら、ほどよく効果的な使い方を模索してほしい。

5 | プレゼンテーションの準備

(1) プレゼン資料のチェック

　プレゼン資料ができたら、その資料のボリューム、ロジカル、ビジュアルの面からのチェックを行う（[図表34] 参照）。

　まずは、資料の量は適切かというボリュームチェックである。表紙や目次等を除いたある程度情報量のあるページでは、1枚2分くらいというのが1つの目安である。資料を全部説明すると量が多すぎる場合は、「後で目を通してもらったらよい」という予備的な資料は「参考資料」としてプレゼン資料の最後に回し、そこは説明を割愛することも考えられる。

　次に資料のロジカル面に関するチェックである。ロジカルでわかりやすい説明となっているか、全体を通して「ストーリー」に沿っているか、スライドから次のスライドに移行する前後関係はスムーズか等をチェックする。チェックした結果、必要により並べ替えやタイトルの変更、目次を追加すること等を考える。ストーリーがスムーズでないと思う場合には、一旦資料を印刷して並べ、目の前で並べ替えてみることも有効である。

　最後に資料のビジュアルチェックである。映写したときに見やすい構成・レイアウトか、チャートの活用等よりわかりやすい表現はないか、フォントの大きさや色使いは適切か、アニメーションの使用は適切か等をチェックする。重要なプレゼンテーションであれば、実際の映写環境でチェックすることが望ましい。

(2) 実行準備

　プレゼン資料が完成したら、本番のプレゼンテーション実施に向けた準備をしなければならない。

図表34 プレゼンテーションの準備

○ **プレゼン資料のチェック**
　▷資料の量
　▷ロジカルチェック
　▷ビジュアルチェック

○ **プレゼンテーションの練習**
　▷実際に映しながらの練習
　▷時間を測定
　▷誰かに見てもらいフィードバックを受ける

○ **会場の下見**
　▷会場のレイアウト・自分の立ち位置
　▷パソコン・プロジェクタ・映写場所

　初めてプレゼンテーションする資料の場合は、実際にプロジェクタで映しながら、時間を計って練習するのが望ましい。さらに、プレゼンテーションに慣れていない人なら、部門の同僚や上司に見てもらい、気付いた点や改善すべき点をフィードバックしてもらうのもよいだろう。

　さらに、重要なプレゼンテーションであれば、ぜひ会場の下見もしておきたい。会場全体のレイアウト、自分の立ち位置、自分と参加者の距離感等を確認しておくと、本番で落ち着いてプレゼンテーションが実施できる。また、実際に本番で使うパソコン、プロジェクタ、スクリーン、指し棒、ポインタ等に触れておき、使用感を確認しておくと安心である。

6 ｜ プレゼンテーションの実践

　最後が、プレゼンテーションの実践である（[図表35] 参照）。

図表35 プレゼンテーションの実践

○ **ゆっくり落ち着いて**
　▷慣れるまでは、どうしても「早口」に

○ **アイコンタクト**

○ **立ち位置**
　▷パソコン操作
　▷指し棒・ポインタ
　▷聞き手に背を向けない

　最も重要な心構えは、「ゆっくり落ち着いて」である。多かれ少なかれ、人前、特に大勢の人の前で話すことは緊張するものである。特にプレゼンテーションに慣れていない人は、どうしても緊張から早口になりがちである。プレゼンテーション実施の前は、「早口にならずに落ち着いて」と自分に言い聞かせて説明に入ろう。

　次の心構えが「アイコンタクト」である。アイコンタクトとは、相手の目を見て話すことをいう。プレゼンテーションにおいてアイコンタクトは、聞き手に「自分に話しかけてくれる」という印象を与え、熱心に聞いてもらいやすいという効果がある。また、緊張で真っ白になりそうになっても、普段から知っている人にアイコンタクトすることで、自分を落ち着かせるという副次効果もある。実際に何度か使ってみて、意図的に使えるようになっておくとよいだろう。

　最後に、プレゼンテーションの際の立ち位置についても気を付けておきたい。多くの場合、パソコンでスライド操作をしながら、指し棒やポインタでスライドの一部を指すという形でプレゼンテーションが行われる。自分はスクリーンのどちらに立ち、どの手でパソコンを操作し、指し棒を使うのかを事前に決めておく必要がある。特に注意すべき点は、スクリーンを指しながら聞き手に背中を向けてしまわないようにすることである。スクリーンに向かって左に演台・パソコンがある場合は、指し棒を左手で使わないと「聞き手に背中を向ける」ことになるので特に注意が必要である。

7 │ オンライン・プレゼンテーション

　新型コロナウイルス感染症の拡大以降、多くの会議や研修がZoomやTeamsを使ったオンラインで行われるようになった。すでに対面のプレゼンテーションに戻しているケースもあるが、この章の最後に、オンラインで行う場合の、通常のプレゼンテーションとの違いやその対応について触れておきたい。

　最大の違いは、オンラインの場合「相手が見えない、相手の反応が見えない」ことである。相手が見えないことで、相手が理解しているのか、どの程度興味を持って聞いてくれているのかがわかりにくくなる。この対応としては、早口になり過ぎず意識してゆっくり話し、聞き逃して理解できないということを防ぐのが良いだろう。また、プレゼンテーション途中で理解の確認や質問を促すのも一案である。さらに、参加者の数が比較的少数の場合は、カメラをオンにして顔を出して参加してもらうことも考えられる。

　また、オンラインの場合は参加者にとってもこちらの姿が見えないことになる。通常発表者はカメラオンで顔を出すと思われるが、それでもボディーランゲージ等で強調するようなことができない。参加者は基本的に画面に表示される資料を見ているので、通常のプレゼンテーションよりは、資料にしっかり書く（少し文字が多くなることを許容する）方が良いだろう。

　また、オンライン・プレゼンテーションでは、通常紙の資料を配布しない。資料は終了後共有することもあるだろうが、その場で質問を受けたり、何らかの決定をしたりする場合は、あらかじめ資料のファイルを送付しておくのが良い。それによって参加者は自分で資料を行き来して、疑問点等の質問等がしやすくなる。また、プレゼンテーションが報告事項であれば報告の結論、承認をもとめる事項であれば「承認がほしいこと」を最後にまとめて記載することも有効であろう。

第4章 トップへの報告

　法務部門では、法務部門の責任者や担当者が、経営トップ層への報告のための資料作成を行う（任される）場合がある。ここでは、経営トップ層が求める情報の特徴を把握・分析し、法務部門として行うべき報告のポイント・方法を学んでいく。

1 | トップへの報告が必要な場面

　法務部門の責任者をしていると、その会社の社長や法務管掌役員等の経営トップ層（以下、本章では単に「トップ」という）に報告をしたり、トップの意思決定を求めたりする場面が多かれ少なかれ発生する。また、法務部門の責任者ではなくても、法務部門または他部門の責任者からの指示で、トップ報告用の資料を作成することもあるだろう。日常の部門内での報告・相談や、社内の依頼者への回答と比較して、トップへの報告はどのような特徴があり、どのようなことに注意すべきだろうか。本章では、法務部門としてのトップへの報告に絞って、その要点をまとめてみたい。

　まず、法務部門からトップに報告や相談をする場面には、どのようなものがあるだろうか。会社によって報告事項は異なるだろうが、典型的には次の4つの場面が考えられる（[図表36] 参照）。

図表36　トップへの報告が必要な場面

- ○ **問題発生時の一報**
  - (例) 弁護士名での内容証明郵便の受領
- ○ **案件の中間報告・対応策の意思決定**
  - (例) 和解交渉の状況と譲歩案の提示
- ○ **トップからの指示事項への回答**
  - (例) 新規事業の法的リスク検討
- ○ **法務部門として「やりたいこと」の承認を求める**
  - (例) 次年度の計画とそのための予算

（1）問題発生時の一報

　法務部門として対処しなければならない問題が会社に発生し、まずはその事実についてトップに一報するという場面である。例えば取引先・元取引先・元従業員等の選任した弁護士から、何らかの請求や警告を含む内容証明郵便を受領した場合、公正取引委員会その他の規制機関から立入調査を行うとの連絡を受けた場合、あるいは法務部門として社内の重要な法律違反を発見した場合等が考えられる。

（2）案件の中間報告・対応策の意思決定

　次に、すでに発生している案件について、その進捗の中間報告や対応策の相談をする場面である。このような場合は、案件の中間報告をしつつ、その後の対応策・解決へのオプションについて、トップの意思決定を求めることも多い。例えば、継続中の訴訟や和解交渉において、その進捗や相手方の出方の報告をし、次に自社が提示する譲歩案について了解を求めるといったケースが想定される。

（3）トップからの指示事項への回答

　さらに、特定のテーマについて、トップから質問や検討の指示があり、それに対する回答という形で報告する場面もある。例えば「会社法の改正で何をしなければならないのか」といった法改正の影響や対応要否の判断や、「こ

のような事業を新たに行いたいが法的にはどのようなリスクがあるか」と
いったリスクの事前評価の指示等がこのカテゴリに入る。

(4) 法務部門として「やりたいこと」の承認を求める

上記（1）〜（3）と少し毛色が違うのは、法務部門として「やりたいこと」
についての承認をトップに求める場合である。新たな法務教育やコンプライ
アンス教育を社内やグループ会社に展開しようとする場合、若手法務担当者
を海外研修や留学に出そうとする場合等がこれにあたる。これらの場合には、
そのためのコストも発生するため、予算の承認を得るという目的もある。

2 │ トップへの報告の特徴

次にトップへの報告にはどのような特徴があるだろうか。トップの立場に
なって考えると、［図表37］の通り、次の4つの特徴があると考えられる。

図表37 トップへの報告の特徴	
(1) トップは誰より忙しい	▷いかに簡潔にポイントを報告するか？ ▷そのためにはどのような資料を用意するか？
(2) トップは誰より「種々雑多な報告」を数多く受けている	▷まずは「この案件」に頭を切り替えてもらう ▷トップの理解度・関心に合わせる
(3) トップの最大の仕事は意思決定	▷「決めてもらう」ことは問題ない ▷しかし「自分の考え」も求められる
(4) トップは「法律論」を求めていない	▷求めているのは「どんな問題か」「どの程度のリスクか」 ▷そして何を決めなければならないのか？

(1) トップは誰より忙しい

基本的には、会社の中で上の立場になるほど、多くの人からの報告を受け、
多くのことに関する意思決定を行わざるを得ない。その程度は会社によって
異なるが、「トップは誰より忙しい」のは、多くの会社に共通する状況だろう。

忙しいトップに報告する際には、「いかに簡潔にポイントを報告するか」

が最大の肝である。そのためには、「要は何が起きたのか」「要は何が問題な
のか」「要はどうしたいのか」といった「要は」の部分を短いセンテンスで
伝えるのがポイントである。そして、発生時期や期限等の「時間軸」、要す
るコストや損害額等の「金額」は数字で明示することも重要である。これに
よってトップは、「いくらの話なのか（金銭的影響）」「いつまでに解決すべ
きか・どれくらい時間がかかるのか（時間的影響）」をとっさに評価するの
である。また、法務部門としては、専門用語を使うのをできるだけ避け、経
営者に伝わりやすい言葉の選択をすることにも注意が必要である。

　次に、簡潔にポイントを報告するために、どのような資料を用意するかを
考えよう。例えば発生した事実と今後の進め方の案を淡々と伝えるのであれ
ば、ワープロソフトによる箇条書きが最も早いだろう。一方で、複雑な取引
関係や関係者の整理、複数ある対応オプションの比較等、図で示した方がポ
イントを伝えやすい場合には、プレゼンテーションソフトが適している。ま
た、いくつかの対応オプションのコストや利益・損害額等を比較する場合に
は、表計算ソフトでそのシミュレーションをまとめた方がわかりやすいかも
しれない。

　トップへの報告においては、忙しい相手にいかに簡潔に伝えるか、そのた
めにはどんな資料を用意するかを考えるのが1つ目のポイントである。

（2）トップは誰より「種々雑多な報告」を数多く受けている

　上記（1）とも関連するが、トップは日々「種々雑多な報告」を数多く受
け続けているのである。法務部門が報告する前には、経理部門が最新の決算
見込みを報告し、その前には人事部門が人事評価制度の見直しを報告し、さ
らにその前にはA事業部の新興国攻略戦略を議論しているかもしれない。そ
のようなトップの頭の中を、まずは自分が報告に来た案件に向けてもらわな
ければならない。

　そのためには、冒頭で、トップからの指示による検討の回答なのか、前回
報告テーマの進捗等の報告なのか、まったく新規案件の報告なのかを示すと
よいだろう。また、前回報告テーマの続きであっても、種々雑多な報告を日々

大量に受けているトップに、前回報告を覚えていることを期待してはならない。場合によっては「前回報告済み」等の表示をして、前回資料を再度使って記憶を呼び覚ます等の工夫も必要になるだろう。

　また、報告内容をトップの理解度・関心に合わせることも必要である。例えば、米国に駐在したことのあるトップなら、米国の訴訟社会や弁護士費用の高さは説明しなくても肌感覚でわかっているかもしれない。逆にずっと国内だけで経験を積んできたトップに米国の訴訟案件について報告するなら、米国の訴訟社会ぶりや、ディスカバリー・陪審裁判といった米国の訴訟の特徴をイメージしてもらうことから始めるべきかもしれない。

（3）トップの最大の仕事は意思決定

　経営トップの一番の仕事は決めること（＝意思決定）である。したがって、例えば訴訟案件において「判決まで行くか途中で和解するか」、また会社法改正（2015年）対応において「新たな選択肢である監査等委員会設置会社に移行するか」といった案件で、最終的にトップに決めてもらうことは問題ない。

　しかし、決めてもらうためには、意思決定に有用な情報や材料を提供すること、そして自分はどう考えるのかといった意見を持っておくことが必要である。例えば「判決まで行くか途中で和解するか」であれば、判決まで行った場合の勝算・コスト、（公開され得る）判決を受けることのメリット・デメリット、想定される和解条件等が必要な情報・材料となろう。また、例えば「新たな選択肢である監査等委員会設置会社に移行するか」であれば、監査等委員会設置会社と他の機関設計との比較、監査等委員会が導入された立法趣旨・背景、機関投資家や機関投資家への助言を行う議決権行使助言会社の見解、他社動向等が必要な情報・材料となるだろう。これらを整理して「自分の考え」も持った上で、最後はトップに決めてもらうのである。

（4）トップは「法律論」を求めていない

　最後に意識すべき特徴は、トップは法律を知りたいのではないということだ。トップが求めるのは、法律論ではなく、「どんな問題なのか」「どの程度

のリスクがあるのか」といったことであり、意思決定を求める場合であれば「何を決めなければならないのか」である。

　例えば、法務部門の責任者や管理職がトップに報告に行く場合でも、その報告資料は部下の法務部員に作成させる場面もあるだろう。その際、法務部員はどうしても法律論から入った資料を作りがちで、それをそのまま説明すると、「法的には正しいがトップには理解されない」という悲劇を生みかねない。上記（1）〜（3）を含めて、トップの立場を想定してわかりやすい資料・説明になっているのかというチェックは欠かせない。

3 ｜ 問題発生時の一報

　ここからは、トップ報告の場面別の留意点を挙げておきたい。まずは、問題発生時の一報の場面である。

　報告の要点としては、[図表38] の通り、4点が挙げられる。それらを「訴訟発生（訴えられた）」という例を挙げながら述べていきたい。

図表38 問題発生時の一報

報告の要点	報告の注意点
①何が発生したのか？	○悪い情報ほど早く報告
②要はどのような問題なのか？	○「事実」と「意見」を区別
③どの程度重要な問題なのか？	
④どのように対応しようとしているのか？	

---

①何が発生したのか？

　例えば、「昨年取引を解消した長年の仕入先から損害賠償請求の訴訟を提起された」という基本的な事実関係がこれにあたる。

②要はどのような問題なのか？

　訴訟においては「元仕入先は、当社向けに多大な投資をしており、一方的な取引解消は不当であると主張している。契約上は3ヵ月前通知で解約でき

るのだが、継続的取引関係の解消の場面では……（以下省略）」といったことが、問題・論点の報告となろう。

③ どの程度重要な問題なのか？

損害賠償請求であれば請求額が重要度を示すが、それに加えて「他にも同様の解消をした仕入先があるか」「他の仕入先への波及の可能性」等も重要度に影響する情報であろう。

④ どのように対応しようとしているのか？

「すでに事業部と連携して事実関係の洗い出し中」「弁護士はこの種の案件に強い○○弁護士を選任」といったことである。

問題発生時の報告の際の最大の注意点は、直ちに報告することである。特に、「法律違反が発見された」「訴訟が提起された」等の「悪い情報」は多くの人にとって報告しにくく、「もう少し情報を整理してから」等と後回しにする心理が働きがちである。しかし、直ちにトップに報告していれば、トップならではの視点で、「この案件は別のA事業にも影響しかねない。A事業の責任者も含めて対応を検討すること」あるいは「この事実は速やかに顧客に公表すべき、プレスリリースの要否も検討すること」といった指示が出るかもしれない。このような初動の遅れが、その案件の対応の選択肢を減らしたり、時には致命傷となったりすることもあり得る。一般的にもよく言われることだが、「悪い情報ほど早く報告」は法務部門でも肝に銘じるべきである。

もう1つの注意点は、「事実」と「意見」を区別して報告することである。問題発生の一報においては、まず報告すべきは「事実」である。そこに中途半端に「意見」を挟むと、事実がストレートに伝わらず、ときには誤解を与えてしまう。意見を述べる場合は、事実とは区別し、誰の意見か（自分の意見か、相談した弁護士の意見か）等もあわせて伝えるのがよいだろう。

4 ｜ 案件の対応策等の意思決定

　トップへの報告の場面として2つ目に取り上げるのは、発生した法律問題・案件への対応方針や、法改正等への対応策等、トップに意思決定を求める場合である（[図表39] 参照）。

図表39 案件の対応策等の意思決定

「どういう問題を、どういう方法で解決したいのか」

① そもそも、何が問題か？
②（トップから見て）何を決めなければならないのか？
③（意思決定にあたっての）論点は何か？
④ とり得るオプションは何か？
⑤ 自分はどう思うか？

　この場合の報告の要点は5つほど挙げられる。それらを、上述した「訴訟発生（訴えられた）」を一報した案件の続きとして、「訴訟継続か和解か」「和解するならどのような条件で和解するのか」についての意思決定を求めるという仮定で、例示しながら述べていくこととする。

① そもそも、何が問題か？

　訴訟案件であれば、そもそもどのような訴訟が起きており、現在までにどのような経緯があったかを報告することになるだろう。

②（トップから見て）何を決めなければならないのか？

　例えば、訴訟においては、裁判官が和解の可能性を打診し、次回までに会社の意向をまとめてくるようにといった指示が出ることがある。これが重大な訴訟であれば、トップの意思決定を仰ぐことになる。その場合は、訴訟継続か和解に応じる方向か、どのような条件なら和解するか、といったことが「決めなくてはならない」ことであろう。

③（意思決定にあたっての）論点は何か？

訴訟においては、法的にはどういう問題なのか、勝算はどれくらいか、負けた場合のリスク（多くは金銭換算）、和解条件提示のロジック（例えば和解金額の根拠）といったあたりが論点となる。

④ とり得るオプションは何か？

この訴訟の仮定であれば、まず大きなオプションは「現時点で和解に進むか訴訟継続か」である。次に、和解に進む場合も「最初から譲歩して早期決着を図る」「条件を小出しにしながら交渉する」「一旦和解条件は出すが、それを相手が受け入れなかったら訴訟継続」等のオプションが考えられるだろう。

⑤ 自分はどう思うか？

ここが最も難しい点かもしれないが、法務部門が主体的に対応している案件であれば、「自分はどう思うのか・どうしたいのか」と「なぜそう思うのか」の答を持っていなければならない。

5 | やりたいことの承認を求める

法務部門としてやりたいことを、トップや法務管掌役員に承認してもらうために、報告をするという場面もある。例えば、法務部門の増員、若手法務担当者の海外留学、海外子会社での法務拠点設置、新たなコンプライアンス教育の導入等が、このような場面として考えられる。

この場合は、承認を求めるのが目的であるため、いかにやりたいことを支持してもらい、承認してもらうか、という観点で報告ストーリーを組み立てることになる。言い換えれば、どのような情報があればトップは承認の意思決定をできるかを考えて、報告・説明する必要がある（[図表40] 参照）。

図表40　やりたいことの承認を求める

○ 何をやりたいのか？
○ それをやりたい理由は何か？
○ どのような効果を期待するのか？
○ どれくらいのコストがかかるのか？
○ 他部門へはどのような影響があるのか？
○ 他に検討した選択肢はあるか？

　そのために、まずは「何をやりたいのか」と「それをやりたい理由は何か」あるいは「どのような効果を期待するのか」をあわせて説明する。例えば法務部門の増員であれば、事業拡大にともなう案件数の増加をグラフ等で数値化して示したり、新たに取り組むことになったプロジェクトに必要な時間（人×期間）を具体的に示したりすることが、「増員したい理由」になるだろう。また、若手法務部員の海外留学であれば、海外留学によって何が得られるのか、それが会社にとってどれくらい意味を持つのかといった「期待する効果」を強調することになるだろう。

　次に、「どれくらいのコストがかかるのか」という点も説明する必要がある。「法務部門の増員」であれば追加の人件費、「海外留学」であれば学費や会社負担の滞在費用等、「コンプライアンス教育の導入」であれば弁護士やコンサルタントの費用（もし使うのであれば）等がコストにあたる。いずれにしても、コスト以上に効果や必要性があるということをいかに納得してもらうかについて頭を絞らなければならない。

　さらに、「他部門へはどのような影響があるのか」についても、触れておいた方がよい場合がある。例えば「海外子会社での法務拠点設置」では海外子会社の社長や現地事業責任者の意見、「コンプライアンス教育の導入」であれば対象者の属性・人数と所要時間等が、トップに意思決定を求める際に伝えるべき情報と言える。

　最後に、他に検討した選択肢があれば、どのような選択肢と比較し、なぜこちら（承認を求めようとすること）を選択したのかについても説明が必要である。例えば「法務部門の増員」であれば外部の法律事務所へのアウトソー

シング、「海外留学」であれば、法律事務所や海外子会社での実習等が、他の選択肢となるかもしれない。

6 | メールでの報告

本章の最後に、トップに対するメールでの報告について簡単に触れておきたい（[図表41] 参照）。

図表41 メールでの報告
○ 直接面談でなく、メールでよいのか？ ○ メールタイトルは「何のメールか」がわかるように ○ メール本文か、添付ファイルか？ ○ メール本文は「スクロールなしの原則」 ○ 文体・フォント等を「好み」に合わせる

まず考えておくべきことは、直接面談でなくメールでよいのかという点である。トップがメールでの報告を歓迎するかどうかは、会社により、あるいはトップにより異なるだろう。しかし、一般的に、速やかな指示や意思決定を求める場合は、直接面談による報告が望ましいと言える。一方で、発生時の一報や中間経過報告等のように、状況だけを伝えればよい場合や、承認もYES／NOで済むような場合は、メールでの報告も考えられる。

メールでの報告の際に、まず注意すべきはメールのタイトルである。「A社との訴訟発生の第一報」「B社案件の中間報告」等、簡潔ながら、「何のメールか」がわかるようなタイトルが望ましい。逆に避けたいのは「ご報告」「ご相談」といった何の意味も持たず、何のメールかがまったくわからないタイトルである。

次に考えるべきことは、報告をメール本文中に記載するか、添付ファイルかという点である。添付ファイルを開くためには「ワンアクション」余分に必要なため、忙しいトップに速やかに伝えるという観点では、メール本文に記載できるならその方が望ましい。しかし、添付資料を含めて送ったり、ワー

プロソフト等で作成したデータを添付したりすることもあるだろう。その場合も、メール本文で、「何の報告か」の結論は示した上で、どのような添付資料があるのかを記載しておくことが望ましい。

　添付ファイルの有無にかかわらず、メールの文面はできるだけ簡潔にし、少なくとも結論・ポイント部分はスクロールしないでも一読できるようにするのが原則である。自分がメールを受け取る場合でも、本文が長く、何度もスクロールして初めて結論・ポイントがわかるといったメールは迷惑に思うはずである。忙しいトップにそのような思いをさせてはならない。

　最後に、些細なことだが、文体・フォント等をトップの好みに合わせるということも意識したい。文体であれば箇条書きが好きか普通の文章が好きか、フォントの字体や大きさは何が好みかといった点である。これは決して、トップにおもねるという意味ではなく、トップが読みやすいメールにすることで、報告の内容を理解してもらいやすくするという効果を考えてのことである。「トップの好み」といっても大げさに調べる必要はなく、トップ自身が発信するメールのトーンに近いものにするという程度でも、トップにとっての読みやすさは変わってくる。

第5章 提案・意思決定の定量化・客観化

　紛争案件の決着等の法務案件対応や、法務部門の組織・体制の構築、コンプライアンス関連施策の立案・実行等、法務部門が自ら意思決定をしたり、提案をして経営陣に意思決定をしてもらったりする場面がある。ここでは、法務関連の意思決定のための定量化や客観化の手法を示してみたい。

1 ｜ 定量化・客観化の必要性

　2010年代後半以降、日本企業の法務機能を強化する必要性が多くの場で話題になり、実際に多くの企業で法務組織・法務機能の強化が行われている。例えば、2018年4月に経済産業省が公表した「国際競争力強化に向けた日本企業の法務機能の在り方研究会報告書」では、法務部門は「ガーディアン機能」と「パートナー機能」を果たすべきだと述べられている。さらに2019年11月の報告書では、パートナー機能を「クリエーション機能」と「ナビゲーション機能」の2つに分類している。その報告書において、ナビゲーション機能とは、「事業と経営に寄り添って、リスクの分析や低減策の提示などを通じて、積極的に戦略を提案する機能」、ガーディアン機能とは、「違反行為の防止（リスクの低減含む）、万一の場合の対処などにより、価値の毀損を防止する機能」と定義されている。法務部門は、事業部門からの相談に受動的に対応するだけではなく、事業と経営に寄り添って戦略を提案することや、プロアクティブに価値の毀損を防止すること等が求められているのだ。

　ナビゲーション機能を果たすためには、目の前の問題に対し、リスクを指摘するだけではなく、問題の解決策や戦略を提案していかなければならない。典型的には、発生している紛争に対して、訴訟を行うあるいは継続するのか、和解で解決するのかといったオプションの中から選択して提案することが考えられる。そのためには、各オプションの想定される結果を可能な限り定量

化して示すことが必要である。

　また、ガーディアン機能を果たすためには、法令等の違反防止のために、コンプライアンスの啓発や、さまざまな防止策を提案することが求められる。それらを社内で展開するにあたっては、やろうとすることの優先順位付けを行い、なぜそれが必要かを論理的に説明し、社内合意を形成しなければならない。その際には、これらの優先順位や理由付けを客観的に説明する工夫が必要である。

　ここでは、法務業務における定量化の一手法としてのディシジョン・ツリーと、客観化の一手法としてのマトリックスを解説する。

2 ┃ ディシジョン・ツリーの活用

（1）ディシジョン・ツリーとは

　ディシジョン・ツリー（Decision Tree）とは、とりうる選択肢を樹形図の形で洗い出し、それぞれの選択肢の期待値を比較検討した上で、実際にとるべき選択肢の意思決定をする手法である。

　まずは、非常に簡単な紛争事例を題材に、ディシジョン・ツリーの書き方や使い方を見ていこう。架空の簡単な紛争事例は次のとおりである（[図表42]参照）。

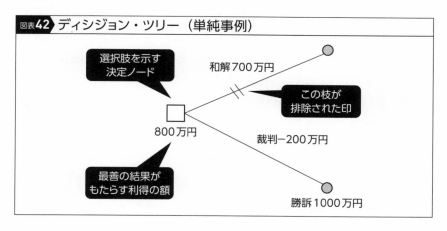

図表42　ディシジョン・ツリー（単純事例）

- 選択肢を示す決定ノード
- 和解700万円
- この枝が排除された印
- 800万円
- 裁判−200万円
- 最善の結果がもたらす利得の額
- 勝訴1000万円

・契約上のトラブルで、裁判を起こすことを検討中である

・相手に契約違反があったことは明白で、確実に勝訴する

・勝訴の判決額は1000万円、裁判費用に200万円かかる

・相手方からは700万円での和解提案あり

・裁判すべきか、和解すべきか

　この場合の選択肢は、和解か裁判かの2つである。選択肢を示す決定ノードの□から、和解という枝と裁判という枝が分岐する。和解の枝の方に、和解した場合に得られる金額の700万円を記入する。そして、裁判の枝の方には勝訴で得られる1000万円と裁判費用の−200万円を記入する。最善の結果がもたらす利得の額は、裁判をした場合の800万円で、裁判を選択することになる。ディシジョン・ツリー上は、和解の枝の上に//を記載し、この枝が排除されたことを示す。

(2) 裁判継続か和解受け入れか（ケーススタディ）

　次に、もう少し複雑で実際に発生しうる架空の事例においてディシジョン・ツリーを使ってみよう。架空の事例は次のとおりである。

・当社の新しい仕入先の候補であるE社と商談をしていたが、価格・品質面で合意ができず、取引開始に至らなかった。

・E社は、当社との取引が始まる前提で、商談の途中で4000万円の投資を行っていたことから、当社に対し、契約締結上の過失という主張を基に4000万円の損害賠償請求の裁判が提起された。

・裁判中、E社から1000万円払ってくれれば和解するとの提案があった。

・当該裁判で、判決まで行った場合の勝算の読みは次のとおりである。

　　・勝訴（賠償なし）：65%

　　・完全敗訴（4000万円）：5%

　　・一部敗訴（1500万円）：30%

・裁判を継続した場合、弁護士費用・社内の人件費で150万円の追加費用が

　発生する

・和解提案を受けるべきか

　この事例のディシジョン・ツリーを描くと［図表43］のようになる。決定ノードから和解の枝と裁判の枝に分かれるのは上記の例と同様であり、和解を選択すると1000万円の支払となる。裁判を選択した場合は勝敗に不確定要素があり、不確定を示す確率ノードから3つに枝分かれする。すなわち、勝訴ケース、完全敗訴ケース、一部敗訴ケースである。次に、確率ノードから先の枝の中の期待値を計算する。実際に計算すると、「4000万円×0.05＋1500万円×0.3＋0×0.65＝650万円」が裁判の判決（支払額）の期待値となる。裁判の場合、弁護士費用等の追加費用150万円を含めた800万円の支出が裁判トータルの期待値ということになる。したがって、この事例では、裁判継続が得策ということになる。

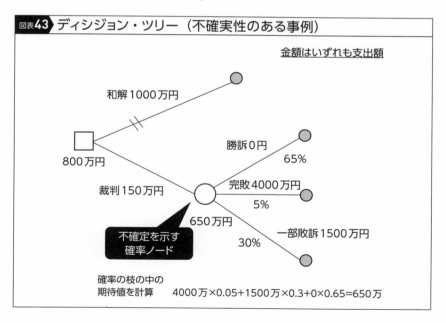

図表43 ディシジョン・ツリー（不確実性のある事例）

金額はいずれも支出額

和解 1000万円

800万円

勝訴 0円　65%

裁判 150万円

完敗 4000万円　5%

650万円

不確定を示す確率ノード

一部敗訴 1500万円　30%

確率の枝の中の期待値を計算　　4000万×0.05＋1500万×0.3＋0×0.65＝650万

(3) 勝算の算定方法

　上記の事例では、勝訴・完全敗訴・部分敗訴それぞれの確率が数値化されていることが前提で判決の期待値を算定した。ただし、実際の紛争・裁判の事例では、最初からその確率がわかっているわけではない。また、弁護士に相談しても、明確な数字で確率を示してもらうのは難しいことが多い。

　それでも期待値を算出して意思決定をしなければならない場合は、弁護士に「半々より強いか」等を打診しつつ、法務部門内で（できれば数人が討議して）勝算見積もりを出してみるしかない。その上で、その数字を弁護士に見せながら、口頭でその数字に対する意見をもらうことが考えられる。筆者の経験上も、例えば「勝算70％と見ていますがどうでしょうか」と弁護士に持ち掛ければ、「もう少し低いと思う」といった意見をもらえることが多い。それらのやり取りを経て、勝算を数値化し、期待値を計算するのである。その際には、上記の事例のように「完全勝訴」「完全敗訴」以外に「部分勝訴（または敗訴）」シナリオを入れておいた方が想定しやすい場合もある。

3 | マトリックスの活用

(1) マトリックスとは

　法務部門内の業務の優先順位付けやリソース配分、全社のコンプライアンス関連施策の取捨選択等において、マトリックスによる整理を活用できる場面がある。マトリックスは、縦軸と横軸の二次元の図表で整理するもので、さまざまな場面で広く用いられる。

　典型的には、マーケティングにおいて、どのような層の顧客をターゲットにするかを決めるセグメンテーションの場面等に多く用いられる。マトリックスで整理する場合、どのような切り口で整理するか、すなわち何を縦軸と横軸にするかが重要である。縦軸と横軸を同じようなものにすると有用な整理・分類ができない。例えばマーケティングのセグメンテーションでは、一方の軸を自社の視点、他方の軸を顧客の視点とすること等が一般的である。

　ここからは、マトリックスを法務業務に活用する場面として、法務部門の

業務の整理・見直しと、コンプライアンスの注力分野の選択の事例を取り上げる。

(2) 法務部門の業務の整理・見直し

　事例の一つ目として、マトリックスを活用して法務部門内の業務の整理と業務ウエイトの見直しを行った事例を紹介する。

　[図表44] は、筆者が実際に用いたマトリックスを一部改変したものである。縦軸を顧客軸とし、法務の顧客を「経営幹部」と「一般社員」と単純化して分類した。そして横軸は依頼を受けて「受動的」に行う業務か、法務が企画して「能動的」に行う業務かで分類した。法務への個別相談等の通常案件は、左下の「一般社員向け」「受動的」ゾーンに入る。その上には経営幹部が関与する重要案件が位置する。右下の「一般社員向け」「能動的」ゾーンには、法務研修や契約書ひな形等のツール提供を位置付けた。その上の「経営幹部向け」「能動的」ゾーンには、当時散発的に行っていた法令等の変更に対応したコーポレートガバナンス・コード対応、職務発明制度見直しそしてGDPR（欧州の個人情報保護法）対応等を位置付けた。

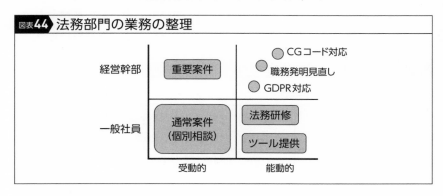

図表44　法務部門の業務の整理

このマトリックスで整理した結果、左下ゾーンに日々追われていて、経営幹部を顧客とする仕事や能動的な仕事に十分時間を割けていないことを感じた。そこで、変革を促すため、各ゾーンでどのようなことを重視するかの方向性を示したのが [図表45] である。

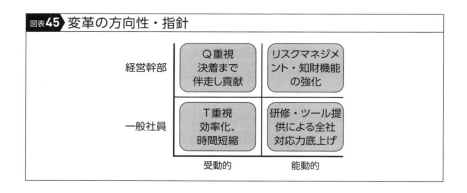

例えば左下の「一般社員向け」「受動的」ゾーンでは、T（時間）を重視し、業務の効率化による時間短縮という指針とした。そのうえの「経営幹部向け」ゾーンでは、Q（品質）を重視し、案件や問題の決着までを経営幹部と伴走し貢献するという指針とした。

さらに業務に費やす時間（業務ウエイト）についても見直すこととした（[図表46] 参照）。その当時の法務部門内で討議したところ、おおざっぱな計算ではあるが、左下の「一般社員向け」「受動的」ゾーンに70％の時間を費やし、その他の3ゾーンでは各10％程度だと見積もった。その状態から、3年後には左下を40％その他の3ゾーンを各20％とすることを目標にした。

図表46 業務ウエイトの見直し

	【現状】		【3年後】	
経営幹部	Cゾーン 10%	Aゾーン 10%	Cゾーン 20%	Aゾーン 20%
一般社員	Dゾーン 70%	Bゾーン 10%	Dゾーン 40%	Bゾーン 20%
	受動的	能動的		

これらの指針や業務ウエイトの見直し目標を起点として、「通常法務業務の効率化・時間短縮のために何をするのか」「能動的業務の方ではどのよう

なことに力を入れるのか」といった検討を進めていったのである。このように、部門内の業務を何らかの軸でマトリックスを用いて可視化するのは、業務の優先順位付けや見直しのために有用である。

（3）コンプライアンスの注力分野の選択

　社内でコンプライアンスの研修や、コンプライアンス関連で何らかの対応を考える際に、どのような分野に注力するべきかを選択し、優先順位付けをする場面がある。そのような優先順位付けのためにマトリックスを活用する事例を紹介したい。

　まずは、縦軸と横軸の選択である。[図表47] は筆者が実際に作成したものから抜粋し、単純化したものである。この場合は、縦軸を社内の視点で「事業上の法的リスクの大きさ」とし、横軸を社外の視点で「社会的関心度の大きさ」とした。[図表47] は一部の抜粋だが、例えば、情報セキュリティや個人情報保護は、当社が多くの顧客情報等を有していることやEC事業を行っていることから、事業上の法的リスクは大と位置付けた。また、このチャートを作成した時点では、コーポレートガバナンス・コードの改訂やそれに伴うESGへの関心の高まりから、それらについては社会的関心度を大と位置付けた。

図表47 コンプライアンスの優先順位付け

事業上の法的リスク			
大		情報セキュリティ 個人情報	
		下請法 人事労務問題	コーポレートガバナンス ESG
小			
	小	社会的関心度	大

　このようなマトリックスによる全体俯瞰と優先順位付けの案を示して、経営トップにも説明して合意を取り付け、年度計画等に織り込むのである。さ

らに具体的な打ち手としては、「情報」の方は法務部門とＩＴ部門が共同で、社内ルールの見直し、技術的打ち手の導入、研修等を実施することが考えられる。ESGについては、人事・IR・法務等が連携してプロジェクトを立ち上げ、法務は主に「Ｇ：ガバナンス」に対応するといったこともあり得るだろう。

このように、コンプライアンスやリスクマネジメントの面で、注力分野を選択し、それを提案して社内のコンセンサスを取るような場面では、マトリックスを活用して、客観的かつ視覚的に示すことが有効である。

第**2**部

典型的な
法務案件のセオリー
―進出から撤退まで―

- ☑ 第2部では、「事業拡大」や「海外進出」に関連する「典型的な法務案件のセオリー」を紹介する。
- ☑ 海外進出における進出形態を把握し、現地法人設立時の法務部門としてのアクションを身につける。
- ☑ 「基本合意書」の目的・場面・内容を理解し、ドラフティングのポイントを覚える。
- ☑ 「M&A」という「ゲーム」の構図を理解し、法務部門の実務プロセスを学ぶ。
- ☑ 「合弁事業」という「ゲーム」の構図を理解し、合弁契約書の内容・主要条項を押さえながら、来るべき「合弁解消」に備える。
- ☑ 法務部門が関与する労務案件の類型と、それぞれの実務を整理する。
- ☑ 事業撤退の場面における、取引先との取引関係の終了、社員の処遇等の実務を学ぶ。

第1章 海外進出（現地法人の設立）

　企業の海外進出プロジェクトでは、法務部門も重要な役割を担うことになる。本章では、日本企業が新興国で新たな現地法人を設立するケースを念頭に置きながら、進出に際する調査段階から進出後の法務体制確立に至るまでの、各プロセス・留意点を解説していく。

1 | 海外進出と企業法務の役割

　グローバルに事業展開を行う企業の法務に携わっていると、海外進出にともなう法務案件に関与することが多い。ある国に初めて進出し、拠点を置こうとしている場合には、そもそもその国で日本企業（外資）による事業が認められているのかについての調査から始まり、進出形態の検討・決定、投資許認可の取得、会社設立手続、営業許可・輸出入許可の取得、駐在員ビザの取得等、多くの法律事項が発生する。

　また、初めて進出する国に新たに子会社（現地法人）を設立する場合には、事業の責任者の他、法務・経理・人事・物流・ITシステム等多くの部門の関与・協力が必要である。多くの場合は、社内にプロジェクトチーム等が編成され、法務部門もその重要な一翼を担うのである。

　進出や法人設立にともなう法律事項や手続は国により異なる。本書では、各国の個別の法律や手続を詳解するのではなく、主に新興国に新たに現地法人を設立することを念頭に置き、各国に共通して検討すべき事項を中心に述べていくこととする。

2 | 進出形態

　ある国に初めて進出し、事業を開始するにあたっては、さまざまな進出形態が考えられる。ここでは、多くの国に共通の検討対象となる「代理店等の

活用」「駐在員事務所」「支店」「現地法人」について、それぞれの特徴等を簡単にまとめておく。

（1）代理店等の活用

　自ら拠点を設立して事業化を行うのに先立ち、現地の代理店を通じて自社製品を販売する等、ローカルの会社を通じて事業を開始することも考えられる。日本の製造業が海外販売をする場合、伝統的には、まず現地代理店と代理店契約を締結し、代理店を通じた販売を行い、ある程度以上の事業規模になった場合に、自ら現地法人を設立するといった経緯をたどることが多い。このような場合には、現地法人設立時に、代理店を温存しつつ直売と併用するのか、代理店の商圏または代理店そのものを買収して子会社化するのかといった検討が必要となる。

　また、最近では、各国にインターネットを通じた販売を行うEC（Electronic Commerce）流通業が大きな勢力を占めるようになっており、日本の中小企業が製品を現地EC流通を通じて販売するケースも出てきている。

　代理店に独占販売権を与えるか否か、代理店のテリトリーをどう定めるか等、代理店に関する法務問題も存在するが、それらについては本章では割愛する。

（2）駐在員事務所・支店・現地法人の設立

　代理店等ではなく自社で外国に拠点を設置する場合、その形態として、現地法人、支店、駐在員事務所が考えられる。それらの主な特徴・相違点を比較したのが［図表48］である。ここでは、駐在員事務所、支店、現地法人の順で、主な特徴を概説する。

図表48 駐在員事務所・支店・現地法人の比較

	駐在員事務所	支店	現地法人
法的性質	法的には本店と同一で、各地域の情報収集が目的で設立される	法的には本店と同一の事業体（法人）とみなされる	法的には親会社とは別個の事業体（法人）とみなされる
営業活動	できない（情報収集等のみ）	できる	できる
会計	基本的に経費支出のみ	支店の財務諸表を作成して、一法人として日本の会計原則により決算	子会社が現地会計原則で決算。親会社の連結財務諸表の構成要素となる
税務	営業活動を行っていないので原則課税は発生しない	現地の税制に基づき課税されるとともに、日本の法人税も課される（海外で支店の納税額については税額控除の対象）	現地法人単体で、現地の法人税の申告・納税が必要
現地での訴訟等の法的リスク	日本の本社が訴訟当事者となる（営業活動を行っていないためリスク小）	日本の本社が訴訟当事者となる	原則として日本親会社に及ばない

① 駐在員事務所

駐在員事務所は、現地法人設立等の本格的な進出に先立って、情報収集目的で設立されることが多い。最大の特徴は、営業活動ができないことである。駐在員事務所で認められる業務範囲は国により若干異なるが、情報収集や本社の営業活動の補助程度の業務のみが認められることが多い。

設立や営業許可等の手続は国により異なるが、公式手続は不要であったり、あっても簡易なものであったりすることが多く、設立にあたっての手間は簡便と言える。会計面では、基本的に経費支出の記録のみであり、営業活動を行っていないため、原則として納税義務も発生しない。

このような特徴から、駐在員事務所は、まだ本格進出するかどうかもわからない市場調査の段階で、それでも小さなオフィスは持っておきたいという場合に適した形態である。しかし、上述の通り営業活動が行えないという大きな制約があるので、ある程度事業を本格化したいときには、現地法人または支店を設立して、駐在員事務所は閉鎖するといった対応が必要となる。

② 支店

　次に考えられるのが、日本の会社（あるいは他の国の会社）の海外における支店として設立するという形態である。支店は、法的には、本店と同一の事業体（法人）とみなされ、本店の出先として営業活動が可能である。

　会計的には、支店の財務諸表を作成した上で、一法人として日本（本国）の会計原則により決算を行う。また、税務面では、支店が現地の税制に基づき課税されるとともに、支店と合算した利益に対して日本の法人税も課される。ただし海外での支店の納税額については税額控除の対象となる。

　支店と駐在員事務所との最大の相違は、営業活動が行えるか否かである。現地法人との比較では、同一法人か別法人かという点が異なる。法的リスクの面では、法人が遮断されていないため、支店設立先で発生した訴訟等に、日本の本社が直接当事者として巻き込まれるという点が挙げられる。したがって、米国のように訴訟リスクが高く、訴訟の被告となった場合にディスカバリー・陪審裁判等の負担が多い国や、新興国で裁判の公平性に疑義のある国では、支店設立を避けることが考えられる。また、税務面では、進出後の本社・現地の利益見込みによって、支店・現地法人のどちらがよいかが異なるため、経理・税務部門を含めた検討が必要である。

③ 現地法人

　外国への進出形態として最も一般的なものが、現地法人（海外子会社）の設立である。現地法人は、現地国の法律に基づいて設立された法人であり、法的には親会社とは別個の事業体（法人）とみなされる。また、（営業許可等を受けた範囲内であるが）もちろん営業活動を行うことができる。

　会計的には、設立した子会社が現地会計原則で決算を行う。親会社の会計との関係では、現地法人の決算が連結財務諸表の構成要素となる。税務面では、現地法人主体で、現地の法人税の申告・納税が必要となる。課税は現地法人単体への課税であり、配当への課税や移転価格税制等での影響を除けば、現地法人の利益が親会社の課税に含まれることはない。

　また、現地法人はあくまでも本社とは別法人であるため、現地法人が当事

者となる訴訟に、本社が直接巻き込まれることはない。

このような特徴から、本格的に営業活動を行う場合には現地法人が適切であることが多く、実際にも、多くの日本企業が現地法人設立という形で海外進出を行っている。以下、本章では、現地法人形態を想定して、多くの国で共通する、設立・営業開始までの検討事項・手続等について述べる。

3 │ 現地法人設立の事前検討事項

では、これまで子会社等がなかった国に現地法人設立を予定する場合、どのようなことを検討しなければならないだろうか。[図表49]は、主に新興国への進出を念頭に置き、事前検討事項をまとめたものである。

図表49 現地法人設立の事前検討事項

外国人投資許可
予定している事業を外国人が行うことが認められているか

- ○ 外国人投資不可
- ○ 政府の裁量による
- ○ 現地資本との合弁が条件
- ○ 一定以上の資本金が条件

投資許可以外の制約
投資許可を得る以外に外国人にとっての制約はないか

- ○ 取締役の国籍要件
- ○ 取締役の居住者要件
- ○ 日本人出向者の就労許可
- ○ 一定の雇用義務

事業開始までの時間
さまざまな遅延リスクあり、現実的な時間見積もりが必要

- ○ 必要な許認可・手続の多さ
- ○ 錯綜する許認可取得のタイミング
- ○ 政府機関の裁量
- ○ 思わぬ遅延リスク

社外専門家の起用
このような検討・各種手続を、誰に依頼するか

- ○ 弁護士
- ○ 会計士
- ○ 会計士系コンサルタント
- ○ 人事労務系コンサルタント

---

(1) 外国人投資許可

まず初めに押さえておくべきポイントは、予定している事業を外国人が行うことが、その国で認められているかという点である。新興国においては、外国人の投資について何らかの許認可を必要とする国が多く、また、外国人

の投資が禁止または制限されている業種も存在する。

　新興国では一般的に、外国からの技術導入が図られ、多くの雇用を生み出す製造業においての外国人投資は歓迎される一方、サービス業・小売業等は自国産業保護のため、外国人投資に一定の制限を課す傾向にある。自らの業種・予定している事業が、その国でどのような規制を受けるかは、真っ先に現地弁護士やコンサルタントに確認すべきである。例えば、同じように販売会社を設立しようとしても、ある国では卸売業と定義され、別の国では小売業と定義され、それぞれ制約が異なるといったこともあり得る。

　また、許認可が必要で制限を受ける場合も、外国人投資が禁止されていて不可なのか、政府の裁量次第なのか、認可に一定の条件がつくのかといった点についても確認が必要である。認可の条件として典型的なのは、出資比率による規制であり、例えば外国人の出資比率が半分以下といった条件がつく。そのような場合は、信頼できる現地パートナーを見つけて合弁事業の形で進出することが必要になる。また、許認可を受けるために一定以上の資本金の注入が求められる場合もある。これらの条件を確認した上で、例えば合弁事業でも進出すべきか、ある程度大きな資本金を払い込んでも会社を設立すべきか、といった初期の意思決定を行う。

（2）投資許可以外の制約

　国によっては、投資許可以外にも外国人が現地法人を設立する際の制約となる事項がある。

　典型的な制約は、取締役の国籍要件や居住者要件である。これは取締役のうち一定の人数について、その国の国籍を持つ人でなければならないとしたり、その国に居住する人でなければならないとしたりするものである。居住者要件は日本からの出向者でも満たすことができるが、国籍要件は時に問題となる。特に、初めて進出する国において、最初から取締役を任せられる現地幹部を探すことは容易ではない。場合によっては、信用できる現地弁護士やコンサルタントに非常勤の取締役になってもらい、この条件を満たすといった検討も必要になる。

　取締役の要件以外にも事前確認が必要なのが、日本人出向者の就労許可・ビザが（スムーズに）取得できるかという点である。現地法人設立時において、典型的には重要ポジションに数人の日本本社からの出向者を置くということが多いだろう。そのように想定したポジションに日本人の就労許可・ビザがとれない、あるいは取得に非常に時間がかかるということであれば、新会社の人材マネジメントや、場合によって事業開始のタイミングにも影響してくる。

　その他に、国によってあり得るのが雇用関係の制約である。一定人数以上の現地社員を雇用することを（法律上あるいは地方政府等の行政指導で）義務付けられる場合等がこれにあたる。また、国によっては、例えば人事の責任者は現地国籍の社員でなければならないといった思わぬ条件がつくこともある。

（3）事業開始までの時間

　現地法人設立をして事業を行うことが法的に可能であることが確認できれば、次に事業開始までの法的手続に必要な時間を見積もっておくべきである。特に新興国においては、さまざまな遅延リスクがあり、当初からそのようなリスクを織り込んだ現実的な時間見積もりを設定する必要がある。

　時間のかかる要素としては、事業開始までに必要な許認可や手続が多く、それら許認可も1つの役所では完結せず、取得のタイミングが錯綜することが挙げられる。その中で、1つの許可が遅延すると、次のプロセスに進めずにそのまま遅れるだけでなく、並行して進めていた許認可プロセスも一からやり直しになり、遅延が増幅するといったことも発生し得る。また、新興国では、そうした許認可プロセスにおける政府機関の裁量が大きく、（法律には書かれていなくても）さまざまな追加資料を要求されて時間がかかるということも珍しくない。

　また、国の慣習・気候等の面で、思わぬ遅延を招くリスクもある。例えば、中国の春節とその前後、イスラム圏でのラマダン期間中等は行政機関の業務もスローダウンすることを覚悟する必要がある。また、例えば東南アジア等

では、台風や洪水等の被害で行政が停滞することも想定される。

（4）社外専門家の起用

　もう1つ初期に検討・決定が必要な事項が、このような検討および現地法人設立・事業開始までの各種手続の実行をどのような社外専門家に依頼するかという点である。会社設立等に関するアドバイスや、手続代行を行う専門家としては、弁護士、会計士、会計士系コンサルタント、人事労務系コンサルタント等が考えられる。

　実際にどの専門家に依頼するかは、国の慣習や、信頼できる専門家が見つけられるかによっても異なる。特にあてがない場合は、ジェトロや現地の日本商工会議所のようなところに相談する、他の日系企業にヒアリングする、これまで付き合いのある弁護士に紹介してもらう等の方法で、候補をいくつか選定し、実際に訪問して費用や期間の見積もり等もとり、選定するのがよいだろう。場合によっては、弁護士、会計士、会計士系コンサルタント、人事労務系コンサルタントを訪問・選定しておき、場面や手続によって使い分けるという対応も考えられる。

4 ｜ 現地法人設立・事業開始までのプロセス

　次に、現地法人の設立および、それに付随する許可取得や登録手続等を経て事業を開始するまでのプロセスを見ておこう。実際の手続は国により異なり、また許認可や手続そのものが、頻繁に変更される場合もあるので、その都度現地の専門家の確認が必要である。しかし、新興国については、一般的なプロセスの傾向というものが存在する。それを理解しておくことは、個別の案件で専門家の確認をとる際にも役に立つだろう。そこで、一般論にはなってしまうが、典型的なプロセスの概要をここで示しておきたい（[図表50] 参照）。

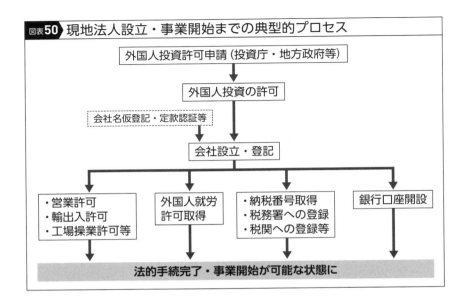

図表50 現地法人設立・事業開始までの典型的プロセス

（1）外国人投資許可

　多くの新興国における現地法人設立の最初のプロセスは、外国人投資許可の申請と取得である。申請先は、国によって「投資庁」のような中央官庁である場合と、地方政府である場合に分かれる。

　外国人投資の許可そのものが得られない可能性があることや、許可に際して現地資本の参加や一定額以上の資本金等の条件がつく場合があることは上述の通りである。これらの条件を満たし、許可が得られて初めて法人の設立プロセスに入る。

（2）会社設立・登記

　次のプロセスは、会社（法人）の設立手続である。外国人投資許可をとれば、会社設立手続はその国の通常の会社と変わらない国もあれば、外資企業に特別の法人形態・会社設立手続を定める国もある。

　また、国によっては、比較的大規模な会社を想定した法人と小規模な会社を想定した法人（かつての日本の「有限会社」のような形態）等、いくつか

の法人形態の中から選択できる場合もある。さらに、多くの国で、会社設立にともなって、同一商号の有無の調査や商号の仮登記、定款の認証等の付帯手続がある。

　また、設立とともに資本金の送金が必要な国では、設立前に納税番号の取得や銀行口座の開設が必要な場合もある。

（3）各種営業許可・登録

　典型的なプロセスでは、会社の設立登記後、さらに必要な営業許可等を取得しなければならない。外国人投資許可と重複して許可が必要なことは奇異に感じられるかもしれないが、新興国では実際に、別に許可が必要となる国が多い。日本では通常、許認可が必要な事業は少ないが、例えば人材派遣業や輸送業等は許認可業種である。新興国では、国内企業を含めて事業そのものの許可取得が必要となることが多く、外国人投資許可・会社設立を経て、国内企業と同様の許可取得のプロセスに入ると考えれば理解しやすいだろう。

　必要な許可は国により異なるが、営業活動そのものに営業許可が必要な場合、輸出や輸入を行うのに輸出許可・輸入許可が必要な場合、工場の操業に許可が必要な場合等がある。そしてそれらの許可も1つ取得すれば終わりというわけではなく、複数の官庁からいくつもの許可を取得しなければならないことがある。

　それと並行して、日本からの出向者が業務遂行するために、外国人の就労許可の手続を行う。これについても、国によって取得の可否や要する時間に差があるので要注意である。

　また、納税者番号等を取得し、税務署や税関に登録することも、しばしば必要になるプロセスである。さらに、銀行口座の開設等も必要である。会社設立に先立って、納税者番号取得や銀行口座開設が必要になる場合があることは、上述した通りである。

　これらの許可取得や手続がすべて完了して初めて、その国での事業が開始できるのである。米国のようにわずか1日で会社設立ができ、多くの業種で外国人投資許可も事業許可も不要な国がある一方、これらの手続に数ヵ月以

上を要する新興国も存在する。なお、本章で述べた手続は国によって異なるし、すべてのプロセスを網羅したものではないので、あくまで一般的な概説として参考にしていただきたい。

（4）コンサルタントによる会社設立

　上記のようなプロセスにおいては、多くの書類作成が必要となるが、そのすべての書類について株主である日本の代表者がサインするというのは、非常に煩雑なペーパーワークともなる。多くの場合、これらの許可取得・手続は弁護士やコンサルタントに依頼することになる。国によっては、コンサルタントが一歩踏み込んで、コンサルタントの代表者・パートナーの名前で会社設立までを行い、設立完了後、その会社の株式を日本の会社に譲渡するというサービスを行っている場合もある。

　現地でそのような実務が一般的に認められていること、コンサルタントが信頼できることが条件だが、ペーパーワークと時間の短縮のため、そのような可能性もあることを念頭に置いておくとよいだろう。

5 | 現地法人設立後の法務体制

　上述のような煩雑な手続を経て、ようやく現地法人を設立したとしても、そこで法務部門の仕事が終わるわけではない。現地法人が事業を開始すれば、当然のことながらさまざまな法務案件が発生する。そのため、新たな現地法人が法務案件について適切に対応できる体制を作り上げる必要がある。

（1）基礎的法務管理体制の整備

　まずは、会社としての基礎的な法務管理体制の整備である。ここで言う法務管理体制とは、例えば次のようなものを指す。

① 取締役会・株主総会等の会社法上最低限必要な書面の作成、登記の実施

② 契約書の内容審査・署名・保管の体制

③ 会社印押印や代表者の署名の手続、記録

　これらの日常的な管理を日本本社の法務部門が遠隔で行うことは難しいので、やるべきことのモデルとなるプロセスやフローを定めた上で、人事総務等管理部門のマネージャーに委ねていくといったことが求められる。

（2）日常法務案件の対応

　現地法人として事業を開始するにあたっては、事業所となるオフィスの賃貸借契約から始まり、事業拡大とともにさまざまな取引契約が発生する。また、取引先や社員との紛争等もいずれは避けられないだろう。

　そのため、それらの日常的法務案件についてどのように対応するかについて、現地法人の責任者と協議して、ある程度の方針を定めておくべきである。例えば、地元の弁護士と顧問契約を締結し、その事務所に相談するようにする、管理部門の責任者等を一時対応窓口とし、重要案件についてはそこから本社の法務部門に相談してもらう等の対応が考えられる。その他、本社の法務部門に相談してもらいたい重要案件のカテゴリをリストアップして、現地法人の責任者と共有、現地法人内でも周知してもらうという方法も考えられる。また、その現地法人が頻繁に使いそうな契約書については、あらかじめひな形を用意しておくこと等も有効であろう。

（3）法改正等への対応

　さらに、現地法人の事業開始後に法律が改正されたり、新たに制定される等して、新たな法務対応が必要となることもある。特に法整備が十分に成熟していない新興国では、外国人投資関連や労働法関連等で、重要な法改正が頻繁にあるので注意が必要である。

　これらの法改正等に適切に対応するためには、法令情報を入手して、自社への影響を評価するということが必要になる。そのようなことを念頭に置き、

会社設立時に相談した弁護士やコンサルタントに、法改正の情報提供を依頼しておくことが考えられる。昨今では、多くの法律事務所がメールでのニュースレターを発行しているので、いくつか入手するようにして情報源とすることも有意義だろう。

　これらのように、新たに設立された現地法人で、基本的な法務関連事項に対応できる体制を整えつつ、ある程度事業規模が拡大し、法務案件が増加してきた時点で、現地法人内に法務担当を雇用すべきかを検討することになるのである。

第2章　基本合意書（契約締結前の合意）

　法務担当者であれば、「基本合意書」等の書面作成を任される場面が少なからずあるだろう。本章では、それらの書面の目的と使用場面について把握した上で、各目的に応じた記載内容および法的拘束力についての理解、ドラフティングにおける実務上のポイント等を学んでいく。

1 ｜ 基本合意書とは

　企業法務を担当していると、しばしば「基本合意書」等と呼ばれる文書を作成する場面に出くわす。基本合意書とは、契約を締結しようとする意思がある当事者間で、正式契約を締結する前に合意事項を確認する書面である。通常の契約書のような詳細な条件は定めず、まさに基本的な事項だけを定める1～3ページほどのものであり、「協定書」「覚書」等と称することもある。英語では、「LOI（Letter of Intent）」「MOU（Memorandum of Understanding）」「Term Sheet」「Heads of Agreement」等と呼ばれる。

　書式としては、契約書のように両者が調印するものの他、「内示書」「申込書」のように一方が相手方に差し出す文書でありながら、正式契約締結前の合意事項を定めるという点で、同様の性質を持つものもある。本章では、そのような契約締結前の合意文書を幅広く「基本合意書」と総称して解説する。

2 ｜ 基本合意書締結の目的

　では、なぜ正式契約の前に、わざわざ基本合意書を締結するのだろうか。その目的としては、次のような点が考えられる（[図表51] 参照）。

図表51 基本合意書締結の4つの目的

(1)「意思確認」
  ▷正式契約の交渉・準備に時間・コストがかかる場合に、重要事項の交渉だけ
　を先行して、合意の意思確認をする
  ▷ M&A の LOI などが典型例

(2)「押さえる」
  ▷対象が1つしかないものを、他社にとられないように押さえる
  ▷不動産の売買・賃貸借などで一般的
  ▷ M&A の独占交渉権などもこの1つの形

(3)「先行手配」
  ▷工事に先立つ部材発注、設計、オフィスの内装工事など、正式契約前に着手
　してもらうために締結

(4)「儀式」
  ▷「一緒にやりましょう」と両者の責任者がサインすることに意義がある場合

---

(1)「意思確認」

　1つ目の目的は事前の「意思確認」である。正式契約の交渉・準備に時間・コストがかかる場合に、重要事項の交渉だけを先行して、合意の意思確認をするのである。これによって、正式契約に向けて交渉・準備を行ってきたにもかかわらず、重要な点で合意できずに多大な時間とコストが無駄になる、という事態を避けることを意図する。

(2)「押さえる」

　対象が1つしかないものを、他社にとられてしまわないように「押さえる」ことを目的とすることもある。不動産の売買・賃貸借等では、正式契約の前に「手付金」を支払うのが一般的だが、これはまさに「押さえる」ことが目的である。

(3)「先行手配」

　次の目的は「先行手配」である。例えばオフィスや工場を新たに建設する

場合に、工事請負契約締結前から、建設工事に必要な部材の発注や設計等を開始することがある。また、賃貸借契約締結前に、家主にオフィスの内装の改装工事等に着手してもらうこともある。このような場合に、発注者・賃借者側から「内示書」等の書面を発行して、先行手配を依頼するのである。

（4）「儀式」

最後の目的は「儀式」である。詳細の交渉はこれからだが、取引先の候補者と「一緒にやりましょう」という意味で、両者の責任者がサインすることに意義がある場合がある。このような目的で、あまり内容がなくても儀式としての基本合意書を作成する場合もある。

3 ｜ 基本合意書を締結する場面

では、どのような場面で基本合意書が締結されるのだろうか。［図表52］は、基本合意書がよく使われる場面を示している。

図表52 基本合意書が締結される場面

取引形態	場　面	目　的
M&A	○買収価格・スキーム等の主要ポイントのみ合意し、基本合意書締結後デューデリジェンスに入る ○デューデリジェンスは双方にとって負荷が大きいため、基本合意書段階でGO/NOの意思確認をする ○独占交渉権を定める場合も多い	◎意思確認 ◎押さえる
オフィス賃貸借	○物件を他にとられないように押さえておくために締結（申込書提出）	◎押さえる
建設工事	○建設納期を短くするため、正規契約前に部材発注・設計等に着手してもらう場合 ○正式契約前に建築の許認可を得る場合	◎先行手配
通常取引	○新事業にともなう新たな代理店・サプライヤー候補と「当社陣営に入る」旨の意思確認 ○価格・納期・支払条件等取引の主要条件を合意した後、契約交渉に入る場合もある	◎意思確認 ◎儀式

（1）M&A

　基本合意書やLOI（Letter of Intent）が締結される典型的な事例がM&Aである。詳細は**本部第3章**で述べるが、M&Aではデューデリジェンスに要する時間とコストが大きく、またデューデリジェンスに関与する対象会社の一部社員には、当然「会社が売られる」ことを伝えざるを得ないという問題がある。そこまで進んでおいて合意に至らずに破談となると、特に売り手は大きなダメージを受けかねない。そこで、買収価格・買収範囲・取引形態等の重要事項は、初期に交渉して基本合意書に定めておくのである。

　また、M&Aにおける基本合意書では、対象会社の売却について他社と交渉しないという「独占交渉権」を定めることがある。そのようなM&Aにおける基本合意書は、「意思確認」という目的とともに、1つしかない対象会社を「押さえる」という目的を持つことになる。

（2）オフィス等の賃貸借

　オフィスや倉庫、研究所等として借りる物件を探していて、いい物件が見つかった場合には、何とかそれを押さえておきたいということになる。しかし、契約書の確認・交渉をしなければならず、社内の決裁（重要性によっては取締役会決議）も必要となる。その間に物件を他社にとられないように、「申込書」等を提出し、一定期間他社とは交渉しないことを約束してもらうことがある。不動産業界の実務としても、このような要請があることは一般的で、期間を限定して（例えば取締役会承認に必要な期間）、「押さえておく」ことについて家主が応じるケースは多い。

（3）建設工事

　倉庫・工場等比較的大規模な建設工事においても、建設は決めたものの、契約書の確認・交渉、取締役会承認等の社内決裁に時間がかかる場面がある。そのような状況でも、建設完了までの期間を短くするため、正式契約前に基本合意書を締結（あるいは内示書を提出）して、部材発注・設計等に着手してもらうことがある。この場合は、万一契約締結に至らなかった場合には、

発注した部材や設計に要した実費については、発注者が負担することを約束するのが一般的である。

　また、国によっては、正式契約前に建築の許認可を得なければならない場合がある。そのようなときは、まず基本合意書を締結して、建設業者が許認可を取得し、その後正式な建設請負契約を締結するのである。

　建設工事の場面は、典型的な「先行手配」目的の基本合意書締結と言える。

（4）通常取引

　通常の商品の売買やサービス提供の取引においても、契約締結前に基本合意書を締結することがある。例えば、新事業を開始する場合には、まずは、その事業のための新たな代理店やサプライヤー候補と「当社陣営に入る」旨の意思確認を行うことが考えられる。また、代理店契約・OEM売買契約等、契約の詳細の交渉に時間がかかることが予想される場合に、価格・納期・支払条件等取引の主要条件を合意した後、契約交渉に入る場合もある。

　これら通常取引前の基本合意は「儀式」または「意思確認」が目的となる。

4 ｜ 基本合意書に定める内容

　ここまで、基本合意書には、「意思確認」「押さえる」「先行手配」「儀式」の4つの目的があり、具体的には、M&A、オフィス賃貸借、建設工事、通常取引等の場面で使われることを見てきた。ここでは、基本合意書の各目的に沿って、定めるべき内容について整理しておきたい（[図表53]参照）。

図表53 基本合意書に定める内容

目　的	定める内容
意思確認	○双方にとって「このポイントが合意できなければ契約しない」という重要ポイントの事前合意(M&Aにおける買収価格・買収スキーム・現経営陣の処遇など) ○最終契約へのステップ、協力義務、その後のスケジュールなど
押さえる	○何を押さえるのか(不動産取引の場合は物件、独占交渉権の場合は相手方の禁止事項の範囲) ○押さえておく(独占交渉権を持つ)期間 ○押さえておくための対価(の要否)
先行手配	○正式契約の意思表示 ○正式契約前に手配する部材、作業する事項などの先行手配の内容 ○先行手配したコストの負担(特に正式契約締結に至らなかった場合)
儀　式	○正式契約への意思表示 ○双方の協力 ○もっともらしい体裁

(1)「意思確認」が目的の場合

　双方にとって「このポイントが合意できなければ契約しない」という重要ポイントについて交渉した結果を定めることになる。何が最重要のポイントかは最終契約の目的によって異なるが、例えばM&Aにおいては、対象会社の買収価格・買収スキーム(買収の範囲・形態)・現経営陣の処遇等が「このポイントが合意できなければ契約しない」というポイントの候補となる。

　また、最終契約へのステップとして、相互の協力義務、基本合意書締結後の最終契約までのスケジュール等を定めることもある。

(2)「押さえる」ことが目的の場合

　まず定めなければならないのが、「何を押さえるのか」である。「押さえる」対象は、不動産取引の場合は物件そのものであり、M&Aの独占交渉権のような場合は、「他社と交渉しない」という売り手の禁止事項の範囲となる。

　不動産のオーナーやM&Aの売り手が「押さえる」ことに応じたとしても、

無期限というわけにはいかない。したがって、基本合意書には、押さえておく（独占交渉権を持つ）期間を定めることになる。

　もう1つ考えなければならないのが、「押さえておく」ための対価の要否である。例えば、不動産の売買の申込み時には、売買金額の5〜10%程度の手付金を支払い、買い手事由で購入に至らなかった場合は、手付金は戻ってこないという商慣習がある。それ以外の場面で押さえることの対価を支払うことは一般的ではないが、押さえるものの性質や期間によっては、売り手が対価を要求することも考えられる。

(3)「先行手配」が目的の場合

　上述の建設工事の際の先行手配のような場面では、正式契約の意思表示と、正式契約前に手配する部材、作業する事項等の先行手配を依頼する内容を記載することになる。それに加えて、正式契約に至らなかった場合の先行手配したコストの負担についても定めることになる。発注者側の事由で正式契約に至らなかった場合は、手配済みの部材等、実際に発生した費用については、発注者が負担するのが合理的であろう。

(4)「儀式」が目的の場合

　儀式目的の場合には、あまり具体的な内容が決まっていないことが多く（だから「儀式」ということでもあるのだが）、正式契約への意思表示や、双方の協力等を定めることになる。儀式としては、「両社のそれなりの立場の責任者が顔を合わせて基本合意書にサインすることが重要」という面もあり、あまり内容がない中でももっともらしい体裁となるよう、法務担当者の作文能力が問われることもある。

5 | 基本合意書と法的拘束力

　上述の通り、基本合意書は、正式契約締結前の基本的な合意事項を確認する書面である。正式契約ではないこの「基本合意書」自体には法的拘束力が

あるのだろうか（[図表54] 参照）。

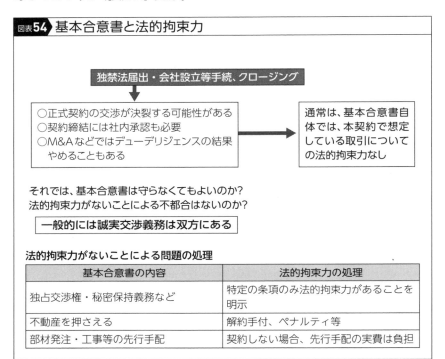

図表54 基本合意書と法的拘束力

独禁法届出・会社設立等手続、クロージング

○正式契約の交渉が決裂する可能性がある
○契約締結には社内承認も必要
○M&Aなどではデューデリジェンスの結果
　やめることもある

通常は、基本合意書自体では、本契約で想定している取引についての法的拘束力なし

それでは、基本合意書は守らなくてもよいのか？
法的拘束力がないことによる不都合はないのか？

一般的には誠実交渉義務は双方にある

法的拘束力がないことによる問題の処理

基本合意書の内容	法的拘束力の処理
独占交渉権・秘密保持義務など	特定の条項のみ法的拘束力があることを明示
不動産を押さえる	解約手付、ペナルティ等
部材発注・工事等の先行手配	契約しない場合、先行手配の実費は負担

　基本合意書の段階では、正式契約の条件は、まだ交渉できていない。したがって、詳細条件の交渉で合意に至らず、正式契約の交渉が決裂する可能性がある。また、契約締結には社内承認のプロセスも経なければならない。さらに、M&Aの場合では、デューデリジェンスの結果、大きな問題が発見され、買収実行をとりやめることもある。

　このようなことから、基本合意書自体では、本契約で想定している取引についての法的拘束力はないとするのが一般的であり、法的拘束力がない旨を基本合意書にも記載することも多い。

　それでは、基本合意書は守らなくてもよいのだろうか。基本合意書が想定する取引に対して、原則として両当事者に誠実交渉義務があると考えられる。

実際に、M&Aの交渉等においても、両当事者は、基本合意書で定めた枠組みを守り、その範囲内で交渉することがほとんどである。したがって、取引そのものへの法的拘束力はなくとも、交渉のプロセスにおいてはその枠組みが守られるというのが一般的である。

次に、基本合意書に法的拘束力がないことによる不都合はないのだろうか。やはり、まったく法的拘束力がないと考えると不都合な場面が想定される。

例えば、基本合意書に、独占交渉権や秘密保持義務等を定めた場合、それらについては拘束力を持って守られないと意味がなくなる。この問題に対しては、特定の条項（独占交渉権・秘密保持義務等）についてのみ法的拘束力があると基本合意書自体に定めることで対応する。

また、売り手が不動産を押さえておいたのに買い手が結局買わないということになれば、売り手は売却の好機を逸するかもしれない。このような場合に備えて、不動産売買では手付金を預けるという実務があるのは上述の通りである。M&Aにおいては、あまり多くはないが、買い手が買収をとりやめた場合に、売り手に「Break-up Fee」と呼ばれるペナルティを支払うという事例が見られる。

さらに先行手配型基本合意書においては、契約しない場合、先行手配のために要した実費は発注者が負担するのが合理的であることも、上述の通りである。

したがって、基本合意書には一般的には法的拘束力がないと言えるものの、法的拘束力を持つべき内容も含まれており、それらを意識して書き分けることが重要となる。

6 | 基本合意書のドラフティング

これまで見てきた通り、「基本合意書」またはそれに類する文書には、さまざまな目的・利用形態があり、文書の内容にも多くのバリエーションがある。したがって、文書の量としては短いながらも、いざドラフティングを始めると意外に難しいことが多い。

　基本合意書には次のような特徴・ポイントがあるので、基本合意書作成にあたっては、これらを参考にしていただきたい。

・「基本合意書のひな形」は存在しない：案件に応じたカスタマイズが必要
・依頼者も基本合意書の内容を十分イメージできていないことがある
・「依頼部門がやろうとしていること」＋上述の「基本合意書の4つの目的」で記載項目を考える
・法的拘束力の有無と、本契約締結に至らなかった場合の措置が重要
・「この条項は法的拘束力を持たせるのか？」を意識しながらドラフティングする
・「儀式」のために、「それらしいこと」を書き加える場合もある

7 │ 基本合意書の事例

　最後に、基本合意書およびそれに類する書面の架空の事例を2つほど挙げておこう。

【事例①】

基 本 合 意 書

　○○○○株式会社（以下「甲」という）と△△△△株式会社（以下「乙」という）は、□□□□株式会社（以下「丙」という）の株式の譲渡に関し、次のとおり合意したので、ここに本合意書を締結する。

第1条（株式譲渡）
1. 甲は、甲乙間で別途協議して定める日（以下「譲渡日」という）をもって、甲の所有する丙の全発行済株式（以下「本件株式」という）を、乙に対して譲渡する（以下「本件譲渡」という）。
2. 本件株式の価額は、▲億円から▲億円の範囲内で、甲乙間の協議により定めるものとする。

第2条（正式契約の締結）
1. 甲及び乙は、本件譲渡にかかる株式譲渡契約等の正式契約（以下「正式契約」という）を締結するよう誠意をもって交渉する。
2. 譲渡日は、令和●●年●月●日までの間で、甲乙間で別途協議して定める。
3. 甲及び乙は、必要ある場合、合意の上、前項に定める譲渡日を変更することができる。

第3条（独占交渉権）
1. 甲は、本合意書締結日から譲渡日までの間（以下「独占交渉期間」という）は、本件譲渡について乙と独占的に交渉するものとし、乙以外の第三者に対して、本件株式の全部又は一部の譲渡、担保設定その他処分を行ってはならず、またそのための提案・交渉・協議も行ってはならない。
2. 第2条第3項に基づき同条第2項に定める譲渡日を変更した場合には、甲乙間で協議の上、独占交渉期間を延長できる。

第4条（丙及び丙の子会社に対する調査）
1. 本合意書締結後、乙は、その役員、従業員又は代理人をして、自己の費用で、丙及び丙の子会社について乙が合理的に必要とする事項を、調査させることができる。
2. 前項に定める乙の丙に対する調査について、甲は、丙をして調査に協力せしめる。

第5条（秘密保持）
1. 甲及び乙は、本合意書に基づき知り得た情報及び本合意書の存在自体を秘密として保持するものとし、本件譲渡を実施する上で必要のある弁護士、公認会計士、税理士その他の専門家を除き、他方の当事者の事前の書面による同意を得ない限り、第三者に対して開示又は漏洩してはならないものとする。但し、公知の事実及び甲乙のいずれに対しても守秘義務を負わない第三者から適法に知り得た情報並びに法令上かかる開示が要求されている情報についてはこの限りでない。法令の要求による場合、開示の内容については当該法令の規定する範囲内で、甲乙間で協議の上決定することとする。
2. 甲は丙をして、前項と同様の秘密保持義務を遵守させるものとする。

第6条（公表）
　甲及び乙は、時期、方法及び内容等について甲乙間の事前の合意のない限り、本合意書の定める内容の全部又は一部を公表してはならない。

第7条（有効期間）
　本合意書の有効期間は、本合意書締結日より令和●●年●月●日までとする。但し、有効期間内に正式契約の締結に至らなかった場合でも、甲及び乙は、合意の上、本合意書の有効期間を延長することができる。

第8条（法的拘束力）
　甲及び乙は、本合意書の締結により、本合意書第3条、第4条、第5条、第6条、及び第9条で規定する義務に拘束されるものとするが、上記以外の本合意書各条項については、本件譲渡の実行を含め、甲及び乙を拘束するものではないことを相互に確認する。

第9条（裁判管轄）
　本合意書に起因して生じた一切の紛争に関しては、■■地方裁判所をもってその第一審の専属的合意管轄裁判所とする。

第10条（誠実協議）
　本合意書に定めのない事項及び本合意書の各条項に疑義が生じた場合には、甲及び乙は誠意をもって協議の上解決するものとする。

本合意成立の証として、本合意書2通を作成し、甲、乙捺印の上各1通を保有する。

令和●●年●月●日

（甲）＿＿＿＿＿＿＿＿＿＿＿＿＿＿＿＿

（乙）＿＿＿＿＿＿＿＿＿＿＿＿＿＿＿＿

　事例①は、M&Aの前の基本合意書である。第1条で、丙の全株式を一定の価格レンジで買収する基本合意について定め、第3条では独占交渉権を定めている。さらに第4条ではデューデリジェンスへの協力、第5条と第6条では秘密保持と公表禁止について定めている。法的拘束力については、独占交渉権・秘密保持・公表禁止等について拘束力ありと明記する一方、本件譲渡そのものについては拘束力なしとしている（第8条）。

【事例②】

令和●●年●月●日

○○○○ 株式会社　御中

△△△△株式会社
代表取締役社長　□□　□□

発 注 内 示 書

　下記工事を設計・施工一括して貴社に発注内示しますので、設計業務の着手及び事前に必要な資材の発注を指示します。
　なお、未確定事項が決定し、当社の取締役会承認が得られることを条件に工事請負契約を締結する意向です。

記

1　工事名称
　　▲▲▲▲

2　工事場所
　　■■■■

3　その他
　　上記工事について、万一工事請負契約締結に至らなかった場合、貴社が要した費用は当社にて負担します。但し、その場合の弊社の負担の範囲は、貴社において実際に発生した設計業務及び必要最小限の資材の費用負担を限度とします。
　　また、上記の場合、当社の費用負担については、貴社と当社間で誠実に協議の上、決定するものとします。

以上

　事例②は建設工事に先立つ発注内示書である。発注者側より、正式契約締結前に設計業務や資材の手配の着手を要請しており、万一正式契約が締結できない場合には発注者が費用を負担すると述べている。

第3章 M&A

M&Aとは、買い手・売り手の双方が、多数の部門・社外専門家を巻き込みながら、多大な時間とコストを費やす、大がかりなプロジェクトである。本章では、M&Aという「ゲーム」の構図と「ルール」を理解しながら、法務部門が受け持つ実務プロセスの要点・留意点を解説していく。

1 │ M&Aとは

M&Aとは、企業の合併・買収を意味する「Merger & Acquisition」の略であるが、日本でも企業の経営戦略の1つの選択肢として定着している。M&Aの目的は、海外進出等新規市場への参入、新規事業（製品・サービス）への参入、顧客の獲得、技術の獲得、競合を買収することによる市場での地位の獲得等さまざまであるが、いずれも、自社のみで行うより早く目的を達成することを期待している。その側面から、M&Aは「時間を買う」取引であるとも言われる。

また、会社を買収する立場だけでなく、自社の子会社や一事業を他社に売却する場合もある。多くの日本企業は、バブル崩壊後、本業が伸び悩む中で積極的な多角化を進めてきた。それは結果的に、本業とのシナジーの乏しい事業や子会社を抱えることにもつながった。そのため1990年代後半以降は、日本企業でも「選択と集中」という戦略のもとで、本業以外の事業や子会社を、よりシナジーのある他社に売却するということが、積極的に行われるようになった。

本章では、主に「買い手」の立場からM&Aを説明するが、適宜「売り手」の立場にも身を置きながらお読みいただければと思う。

2 │ M&A というゲーム

(1)「M&A」というゲームの構図

　M&Aとは、簡単に言うと「会社（事業）を売買する」取引である。通常の商品やサービスの取引と異なり、普段は売り物ではない「会社」を売買する取引であるため、特有のゲームとそのルールが存在する。

　「M&A」というゲームの構図は、[図表55]のような形となっている。

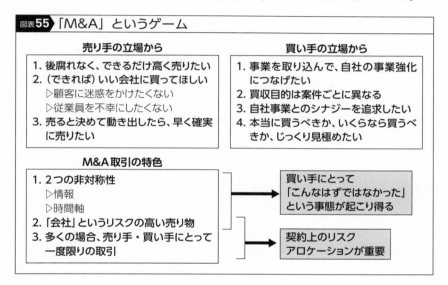

図表55 「M&A」というゲーム

売り手の立場から

1. 後腐れなく、できるだけ高く売りたい
2.（できれば）いい会社に買ってほしい
   ▷顧客に迷惑をかけたくない
   ▷従業員を不幸にしたくない
3. 売ると決めて動き出したら、早く確実に売りたい

買い手の立場から

1. 事業を取り込んで、自社の事業強化につなげたい
2. 買収目的は案件ごとに異なる
3. 自社事業とのシナジーを追求したい
4. 本当に買うべきか、いくらなら買うべきか、じっくり見極めたい

M&A取引の特色

1. 2つの非対称性
   ▷情報
   ▷時間軸
2.「会社」というリスクの高い売り物
3. 多くの場合、売り手・買い手にとって一度限りの取引

　　買い手にとって「こんなはずではなかった」という事態が起こり得る

　　契約上のリスクアロケーションが重要

　売り手にとっての最大の目的は、「後腐れなく、できるだけ高く売る」ことである。次に、「できるだけいい会社に買ってほしい」という希望もある。特に創業したオーナー一族が会社を手放す場合等は、顧客に迷惑をかけたくない、社員を不幸にしたくないといった要素もそれなりの重要性を持ってくる。一方、PE（Private Equity）ファンド（以下「ファンド」という）が売り手のような場合は、この側面が重視されることはなく、「後腐れなく高く売る」ことのみがクローズアップされる。

　いずれの場合も、「売ると決めて動き出したら、早く確実に売りたい」と

いうのが売り手の共通の心理である。一旦売ると決めたのに、取引が破談になれば、社員や取引先の動揺を招くし、以降はさらに売りにくくなることが想定されるからである。

他方で、買い手の目的は、対象会社の事業を取り込んで、自社の事業強化につなげたいという点にある。何を取り込みたいのかという具体的な目的は、取引ごとに異なるが、自社の事業とのシナジーを追求するという共通点もある。したがって、買い手は、買収により事業強化につながるのか、シナジーがあるのかを精査し、本当に買うべきか、いくらなら買うべきかをじっくり見極めたいという立場になる。

したがって、「高く売りたい」「交渉し始めたら早く売りたい」売り手と、「安く買いたい」「じっくり見極めたい」買い手との間には常に利害の相反が発生する。

さらに、M&A取引の特色をいくつか挙げておきたい。まずは「情報」「時間軸」という2つの非対称性の存在である。対象会社の実態は、売り手はわかっているが、買い手には表面的なことしか見えていない。これが情報の非対称性である。また、売り手にとって大事なのは、売却完了までの時間であり、買い手にとって大事なのは買ってからの時間である。これが時間軸の非対称性である。

次の特色は、「会社」というリスクの高いものを売買するという点である。通常の商品の売買と違って、会社には社員・仕入先・顧客等さまざまな関係者がいる。そして、大きな訴訟や紛争を抱えているかもしれないし、簿外債務や粉飾決算があるかもしれない。これらの非対称性、会社という売買対象のリスクから、買い手にとって「こんなはずではなかった」という事態を、いかに避けるかが重要となる。

最後のポイントは、通常の継続的取引関係と異なり、多くの場合、売り手・買い手にとって一度限りの取引ということである。この特徴がM&Aの契約に与える影響については後述する。

(2) 売り手が高く売る工夫（[図表56]）

　売り手の立場からM&Aを見ると、「後腐れなく、できるだけ高く売る」が最大の目標となるのは、すでに述べた通りである。この目標を達成するために、売り手は、[図表56]のように高く売るためのさまざまな工夫をすることになる。

図表56 「M&A」というゲームのルール① 売り手が高く売る工夫

○ **オークション方式**
　▷複数の買い手候補に声をかけ、入札させ、最も高いところに売る
　▷2段階オークションの場合も

○ **「事業計画」の積極開示**
　▷ややアグレッシブな（バラ色の）「事業計画」
　▷ファイナンシャル・アドバイザーを起用して用意、プレゼンテーション

○ **初期段階での価格交渉**
　▷ LOI 段階で価格交渉・合意 → できるだけ拘束力を持たせる
　▷「もっと高く売りたい」なら他を探す

　その1つが「オークション方式」である。ある子会社あるいは事業部門を売却することを決めたら、複数の買い手候補に声をかけ、基礎的な情報を開示した上で買収金額を入札させ、最も高いところに売るというやり方である。まずは基礎的な情報開示のみで第一次入札をして買い手候補を2、3社に絞り、その後絞られた2、3社が会社内容を精査して（後述のデューデリジェンス）、第二次入札を行った上で買い手が決まるという、2段階オークションを行う場合もある。このオークション方式をとると、売り手にとっては数社と交渉等を行う時間・負担がかかる反面、より高い値をつける買い手を見つけるチャンスが生まれる。買い手にとっては、他の買い手候補者がどの程度いるか、どれくらいの価格を提示しそうかを読みながら入札するという難しい判断を迫られる。

　2つ目は、高い値段がつきそうな事業計画の積極開示である。M&Aにおいて虚偽の情報を開示することはできないが、今後の事業計画については、あくまで予測であるため、説明がつく範囲でややアグレッシブな「バラ色の

事業計画」を示すことがよく行われる。その際、M&Aのアドバイスを行うファイナンシャル・アドバイザーを起用して、バラ色の計画を美しくプレゼンテーションさせるといったことも多い。

3つ目のよくある工夫が、初期段階での価格交渉である。買い手は、会社内容のデューデリジェンスを経て価格を提示・交渉したいと考えるのに対し、売り手はその前の初期段階（LOI段階）で価格交渉をして合意することを希望する。しかも、その価格にできるだけ拘束力を持たせようとするのである。そのようにして、価格が合意できるまでは、手間と時間のかかるデューデリジェンスのプロセスに入らず、「もっと高く売りたい」と思えば、他の買い手候補を探そうとするのである。

(3) 買い手の「こんなはずではなかった」を防ぐ（[図表57]）

次に、買い手にとってみれば、売り手との情報の非対称性、会社という売買対象のリスクから、「こんなはずではなかった」という事態を、いかに避けるかが重要となる。

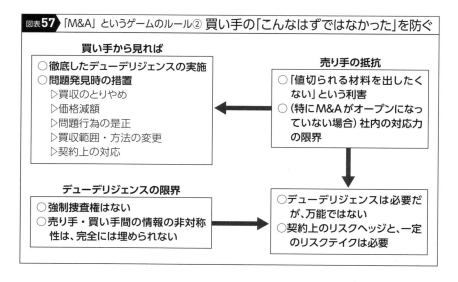

図表57 「M&A」というゲームのルール② 買い手の「こんなはずではなかった」を防ぐ

買い手から見れば
- ○ 徹底したデューデリジェンスの実施
- ○ 問題発見時の措置
  - ▷買収のとりやめ
  - ▷価格減額
  - ▷問題行為の是正
  - ▷買収範囲・方法の変更
  - ▷契約上の対応

売り手の抵抗
- ○「値切られる材料を出したくない」という利害
- ○（特にM&Aがオープンになっていない場合）社内の対応力の限界

デューデリジェンスの限界
- ○ 強制捜査権はない
- ○ 売り手・買い手間の情報の非対称性は、完全には埋められない

- ○デューデリジェンスは必要だが、万能ではない
- ○契約上のリスクヘッジと、一定のリスクテイクは必要

　そのために行われるのが、「デューデリジェンス」と言われる、会社の事業面・財務面・法律面等の精査である。デューデリジェンスの実務とプロセスの詳細は後述するが、買い手としては、デューデリジェンスを徹底的に行い、問題が発見された場合には、その問題の程度により、買収自体のとりやめ、価格減額交渉、問題行為の買収前の是正要求、買収の範囲や方法の変更、契約書に特別の定めを追加する等の対応をすることになる。

　一方で、デューデリジェンスに対して、売り手が100％協力的とは言えないことも多い。もともと「値切られる材料を出したくない」という利害衝突が発生するため、買い手が具体的に要求しない限り、売り手が進んで情報提供するということにはならない。また、デューデリジェンスの段階では、M&Aそのものが売り手グループ内でごく限られた人にしか開示されていないことも多い。そのような場合には、売り手側の社内のデューデリジェンス対応に限界があることも考えられる。

　売り手はそのような状況であり、買い手に強制捜査権があるわけでもない。そのため、デューデリジェンスをしても、売り手・買い手間の情報の非対称性は完全には埋められない。したがって、デューデリジェンスは買い手にとって必須のプロセスであるが、万能の答ではないのである。買い手としては、デューデリジェンスに加えて、契約上のリスクヘッジと、ある程度のリスクテイクが必要となってくる。

（4）契約上のリスクアロケーション（[図表58]）

　買い手にとって契約上のリスクヘッジが必要と述べたが、M&Aの契約には［図表58］のような特徴がある。

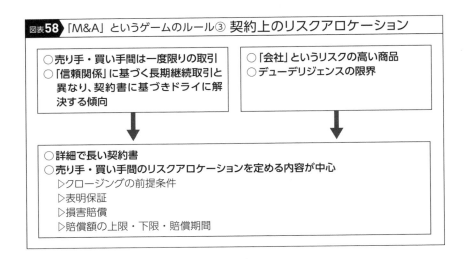

図表58 「M&A」というゲームのルール③ 契約上のリスクアロケーション

○ 売り手・買い手間は一度限りの取引
○ 「信頼関係」に基づく長期継続取引と異なり、契約書に基づきドライに解決する傾向

○ 「会社」というリスクの高い商品
○ デューデリジェンスの限界

○ 詳細で長い契約書
○ 売り手・買い手間のリスクアロケーションを定める内容が中心
▷クロージングの前提条件
▷表明保証
▷損害賠償
▷賠償額の上限・下限・賠償期間

1つ目の特徴として、売り手・買い手間は原則として一度限りの取引だということが挙げられる。このような関係においては、信頼関係に基づく長期継続取引と異なり、何か問題が発生した場合は、話し合いよりも契約書に基づいてドライに解決する傾向がある。

もう1つの特徴が、すでに述べた通り、取引対象が「会社」というリスクの高い商品であり、しかもデューデリジェンスにも一定の限界があるという点である。

これらの特徴を反映し、M&Aの契約は長くて詳細なものとなる。そしてその中身は、何か問題があった場合の売り手・買い手間のリスクの分担（リスクアロケーション）を定めるものが中心である。契約書の具体的内容は後述するが、買収実行（クロージング）の前提条件、表明保証、損害賠償、賠償額の上限・下限・賠償期間等を詳細に定めるのは、すべて売り手・買い手間のリスクアロケーションに他ならない。

3 | M&Aの実行プロセス

M&Aというゲームの構図と、その基本ルールを理解したところで、次の

M&Aの実行プロセスを見ていこう。［図表59］は、M&A実行プロセスの概要である。

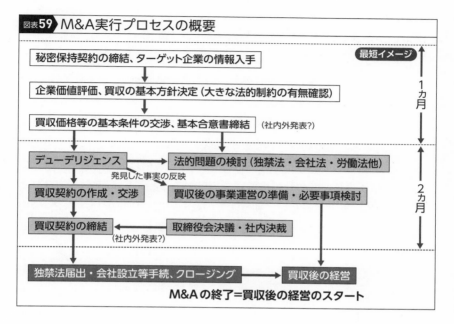

図表59　M&A実行プロセスの概要

買い手にとってのM&Aのプロセスの多くは、売り手との間に秘密保持契約を締結し、買収ターゲット企業の情報を入手するところから始まる。このきっかけは、売り手のファイナンシャル・アドバイザーから買い手候補として話が持ち込まれるケースや、買い手自体が買収ターゲットを探索し、先方に売却の可能性を打診するケース等がある。法務部門としては、この秘密保持契約の作成や審査の相談を受けることが、M&A案件の最初の一歩であるということも多い。

情報を入手したら、その内容をもとに、買収に向けて話を進めるか、買収を進める場合にはその基本方針等を検討する。多くの場合は、この時点で売り手が買収価格の提示を求めるので、入手した情報をもとに企業価値の評価（＝買収価格）についても算定することになる。さらに、独禁法の届出等、大きな法的制約の有無についてもこの時点で一次評価をしておくことになる。

　ここの検討を踏まえて、買収価格等の基本条件を売り手と交渉し、LOI（Letter of Intent）等と呼ばれる基本合意書を締結することが多い。M&Aにおいては、次のデューデリジェンス以降のプロセスが双方にとって時間とコストのかかるものであるため、買収の範囲・買収価格等、「この要素が合意できなかったら買収はない」という重要点を、この基本合意書段階で交渉・合意しておくのである。また、この基本合意書締結時点で、この買収について社内外に公表すべきかの検討も必要である。

　基本合意書を締結すると、事業・財務・法務・人事等の面で会社を精査するデューデリジェンスが行われる。小規模なM&Aであれば、社内のチームがデューデリジェンスを行うこともあるが、一定規模以上のM&Aでは、会計事務所・法律事務所等の社外専門家を起用することが多い。デューデリジェンスにおける調査と並行して、独禁法等の政府届出、会社法上の手続、労働法上の手続等、買収実行までに処理すべき法律問題についても検討しておく。

　ある程度デューデリジェンスが完了した段階で、買収契約書の作成・交渉に入る。買収契約書にはデューデリジェンスで発見された問題点・事実とその対応案が反映される。買収契約も、国内の小規模なM&Aであれば、社内の法務部門で作成することもあるが、一定規模以上のM&Aや海外のM&Aでは、外部の法律事務所に依頼することが多い。この買収契約の交渉と並行して、買収後の会社の運営の準備や、買収後変更が必要な事項の検討を行うことになる。

　買収契約の交渉がまとまれば、取締役会決議等の必要な社内決裁を得た上で、買収契約を締結することとなる。買収契約締結時点で社内外への発表を行うことが多いため、事前に発表の内容・タイミングを売り手とすり合わせておくことも必要である。

　買収実行（クロージング）は、買収契約と同時の場合もあるが、契約後一定の期間を置き、必要な手続の完了後に行うことが多い。独禁法に基づく買収認可取得、買収受皿会社の設立等、必要な法的手続があれば、クロージングまでの期間に実行することになる。

　また、法務部門の立場では、「M&Aの終了」を意味するクロージングだが、

経営者・事業責任者にとって、それは「買収後の経営のスタート」となる。

　このプロセスに要する期間は、最短で秘密保持契約締結から基本合意書締結までに1ヵ月、その後買収契約締結までにさらに2ヵ月といったところだろう。実際はこのような最短プロセスで進むことはまれであり、M&Aは6ヵ月程度かかるというのが一般的なところであろう。

　以下、本章では、このM&Aのプロセスを順に追い、各プロセスのポイントについて説明していく。

4 ｜ M&Aの実行チーム組成

　M&Aの実行においては、事業面・法務面・経理財務面・人事面等、さまざまな角度からの検討が必要である。各社の組織や買収対象会社・買収目的等によってチーム編成は若干異なるが、典型的には［図表60］に記載した各部門・社外専門家が関与する。

図表60 ▶ M&Aの実行チーム

○**社内関係部門**
- 事業部門
- 経営企画部門
- 法務部門
- 経理・財務部門
- 人事部門

○**社外専門家**
- 弁護士（法律事務所）
- ファイナンシャル・アドバイザー
- 会計士（会計事務所）
- 環境コンサルタント（工場等がある場合）
- 人事コンサルタント

（1）社内チーム

① 事業部門・経営企画部門

　そもそも対象会社・事業を買収したいのか、買収した場合どのように運営するのかを決める役割である。対象会社の商品・サービス、顧客、競合との関係等を調査し、自社とのシナジーについても検討・調査する。買収対象に工場等が含まれている場合は、工場設備・機械の評価や、潜在的な環境リスク等も検討対象となる。

② 法務部門

　外部の弁護士とともに、法務面からのデューデリジェンスを行うとともに、秘密保持契約・基本合意書・買収契約といった各種契約書の作成・交渉を担当する。また、法務面からの買収スキームの検討、買収にともなう独禁法届出や、会社法関係の手続等も担当する。

③ 経理・財務部門

　会計事務所とともに会計・税務面からのデューデリジェンスを行うとともに、税務面からの買収スキームの検討を担当する。また、必要に応じて買収のための資金調達も行う。

④ 人事部門

　人事面からのデューデリジェンスを担当するとともに、事業部門と共同で、既存の経営陣の処遇や、自社からの出向者の人選・出向先ポジションの検討、出向準備等に関与する。

⑤ 技術部門・知的財産部門

　買収対象会社の技術が重要な場合は、技術部門や知的財産部門が保有する技術および知的財産の評価を行う。

（2）社外専門家

① 弁護士（法律事務所）

　弁護士は、法務デューデリジェンスの実行と問題点の抽出、買収計画書、その他契約書の作成および交渉、買収スキームの法務面からの検討、買収にともなう法的届出や手続等を担当する。

　法務部門にとっては、M&Aの初期段階では法律事務所の選任が重要な役割である。まずは、案件の規模・所在国・自社のチーム構成（例えば買収対象の所在国に自社グループの法務拠点があるか）等を考えながら、候補事務所を選定することになる。例えば、米国企業を買収するケースでは、すべて

の買収手続を日本国内でコントロールするのであれば、東京に拠点のある米国法律事務所の起用や、日本の渉外事務所を関与させることが考えられる。一方、自社の米国拠点に法務機能があるなら、そちらを案件対応の主体とし、米国内でM&Aに強い（そしてコスト面でも合理的な）事務所を探すことが考えられる。

　依頼する事務所の規模については、一般的にM&Aの場合はデューデリジェンスを中心にある程度の工数が必要なため、（ごく小規模なM&Aを除き）小規模の事務所には依頼しにくいと言える。

　また、現在では、M&Aに先立っていくつかの法律事務所に提案・費用見積もりを出してもらい、それを比較検討して選任するということも、比較的広く行われている。具体的には、いくつかの事務所に案件の概要を伝え、弁護士チームの編成、デューデリジェンスや契約交渉の進め方の提案、弁護士費用の見積もりを依頼する。その回答をもとにチームの中心となる弁護士との面談を経て決定するのである。

　また、ある案件の候補事務所として考えていた法律事務所が相手方の弁護士や対象会社の弁護士を務めており、利益相反（Conflict of Interest）から引き受けられないというケースに遭遇することもある。利益相反の有無は、提案・見積もり依頼の前段階で（比較検討しない場合も正式依頼の前に）確認しておくべきである。

　なお、第2版執筆時（2023年）においては、クロスボーダーのM&Aであっても、日本の弁護士にしっかり関与してもらった方が、トータルの弁護士費用が抑えられるという傾向も出てきている。長くデフレが続いた日本と比較すると海外主要国の人件費が高騰し、弁護士のタイムチャージも上昇してきたこと、為替レートが円安傾向にあることがその背景である。弁護士費用の金額も比較的大きくなるM&Aにおいては、法律事務所の選定において、各国の弁護士単価のレベル感や為替レートも考慮に入れておくべきである。

② ファイナンシャル・アドバイザー

　ある程度規模の大きいM&Aでは、ファイナンシャル・アドバイザー（FA）

を起用することも多い。FAには、証券会社・投資銀行・M&A専門のコンサルティング会社等の形態がある。FAの主な業務は、「ファイナンシャル」という名称が示すように対象会社の企業価値評価から始まり、デューデリジェンスや売り手側とのミーティングのコーディネーション、買収価格等の交渉等多岐にわたる。

　FAを選任するのは事業部門や経営企画部門であるが、法務部門もFAとうまく連携して（弁護士ともうまく連携させて）仕事を進めることは、スムーズなM&Aの実行のために非常に重要である。FAとは、プロジェクトの初期段階から顔を合わせ、弁護士・会計士との業務分担、デューデリジェンスの進行方法等の調整には、法務部門も積極的に関与すべきである。

③ 会計士（会計事務所）

　会計士には、主として経理・財務・税務面からのデューデリジェンスを担ってもらう。それ以外に、買収形態にいくつかの選択肢がある場合や、買収にともなう税務が重要な場合は、会計士や会計事務所所属の税理士に、取引に関する税務アドバイスを依頼することもある。

④ その他のコンサルタント

　規模の大きいM&Aでは、弁護士・会計士以外に人事コンサルタントを起用し、人事労務面のデューデリジェンスを担ってもらうことがある。小規模の案件や、対象会社の人事制度がある程度理解できている場合は、人事コンサルタントまでは起用せず、人事労務面で法律問題がないかという点に焦点をあて、法律事務所に人事労務デューデリジェンスを任せるということもあり得る。

　また、買収対象に工場等環境懸念のあるものが含まれている場合には、環境コンサルタントを起用して、土壌汚染・水質汚染・大気汚染等の調査を行うこともある。日常的に環境コンサルタントと接点のない会社では、弁護士またはFAに環境コンサルタントを紹介してもらうというのも現実的な選択肢である。

5 ｜ 秘密保持契約書

　M&Aにおいて、買い手は売り手から対象会社についてのさまざまな情報の開示を受け、その情報をもとに、対象会社を買うのかどうか、買う場合はいくらで買うのが適切かの意思決定を行う。売り手としても、売却を進めるためには、通常他社に開示しない情報も買い手に開示することになる。そのために締結されるのが秘密保持契約書である。秘密保持契約書は、M&Aのかなり初期段階で締結され、その締結を条件に、売り手から初期のインフォメーション・パッケージを提供されるのが一般的である。初期のインフォメーション・パッケージには、買い手による企業価値評価に必要であると売り手が考える情報がまとめられていることが多い。それをもとに買い手は対象会社の「値付け」を行い、後述する基本合意書段階での（主に買収価格の）交渉が行われることになる。

　M&Aにおける秘密保持契約書のポイントは［図表61］の通りである。

図表61 ▶ M&Aにおける秘密保持契約書のポイント

- ○「秘密保持契約締結」→「売り手側のインフォメーション・パッケージ受領」が一般的
- ○秘密保持契約書ドラフト自体も売り手準備が多い
- ○通常、買い手が対象会社の秘密情報を受け取る立場
- ○「買収に向けて交渉している事実」も秘密
- ○買い手の一方的義務か、双方の義務か
- ○契約当事者を誰にするか
  - ▷本社 or 直接の買収当事会社？
  - ▷関係会社への開示の許諾
- ○不合理な制約を受けていないか
  - ▷従業員引き抜きの禁止
  - ▷顧客等の引き抜きの禁止

　基本的には、売り手が対象会社の情報を開示するという構図であり、秘密情報を受け取るのは買い手である。したがって、秘密保持契約書のドラフトについても売り手が用意することが多く、その内容も、買い手に対して一方

的に義務を負わせるものであることが少なくない。その一方で、買収の交渉を行っているという事実を秘密とする必要性もある。その点から、買い手としては双務型の秘密保持契約への変更または、「買収の交渉をしているという事実」の守秘義務だけでも双務にする等の対案を出すことが考えられる。

また、買い手が多くのグループ会社を抱えている場合には、契約当事者をどの法人とするか（本社とするか、直接の買い手とするか）という検討事項も生じる。いずれにしても、買収の検討に必要なグループ会社には情報を共有する必要があるので、実務的には本社が契約当事者となり、関係会社への開示を容認する条項を加える等の解決策がとられる。

さらに、秘密保持契約において不合理な制約を課せられないかという検討も必要である。この観点で典型的に見られるのは、従業員や顧客の引き抜き禁止条項である。デューデリジェンスでは、従業員や顧客に関する情報開示をすることになるので、それを従業員の引き抜きや顧客奪取に使われたりはしないだろうかというのは、売り手として当然の懸念である。一方で、買い手としては、M&Aの情報は、買い手の社内でもごく一部の人しか知らないことが多く、売り手からの情報に関係なく、偶然対象企業の社員を採用したり、顧客に売り込んだりするケースが発生し得る。そこで、買い手としては、この種の条項は内容を慎重に読んだ上で、「売り手からの情報に基づき」といった限定を加える、「買い手の一般的な募集に応募した場合は除く」といった限定を加える、制限期間をできるだけ短縮する等の対応を検討すべきである。

6 | 基本情報の受領から LOI（基本合意書）締結まで

（1）情報受領と初期評価・意思決定

秘密保持契約書を締結すると、対象会社についての基本情報を入手することになる。その情報をもとに、この案件を次のステップに進めるかどうかの初期評価と意思決定を行うことになる。この時点では比較的限られた情報であるが、初期評価をするのは、「買収に関心をもった事業上のメリット（買

収目的）が得られそうなのか」「買収するとしたら、買収価格（企業価値）は
どれくらいか、あるいは先方が希望している価格はどれくらいか」「買収対
象の範囲や買収形態はどうするか」といった基本的な事項である。

　これらの事業上、財務上の初期評価と並行して、法務としては、法的に一
発アウトとなるいわゆる「ノックアウトファクター」の有無を評価する。法
的なノックアウトファクターとして、例えば次のようなことが考えられる。

- 対象企業と競合状態でシェアが高く、独禁法上の認可が取れそうにない。
- 対象企業が外資規制対象の事業を持っており、外資による買収が認められ
ない可能性が高い。
- 対象会社が日本の外国ユーザーリストや、米国のEntity List等の「ブラッ
クリスト」に掲載されている。

　買収に向けてデューデリジェンス等を行った後に「ノックアウトファク
ター」で買収取りやめとなると、時間・コストの多大な無駄にもなりかねな
い。限られた情報の中でも、可能な限りの初期評価が重要である。

　このようにして、事業・財務・法務の視点から、「この会社を買収する方
向で進めるのか」の意思決定をすることになる。この時点で、「買収見送り」
の意思決定となる場合も多い。その場合は、秘密保持契約に基づく情報の管
理・返却を行い、その案件は終了ということになる。

（2）買収価格（企業価値）の算定

　この時点の最重要検討事項は、「その会社をいくらで買うのか（＝その会
社にどれくらいの価値があるのか）」という点である。法務部門が直接企業
価値の算定に関与することは少ないため、ここでは基礎的な点に絞って触れ
ておくこととする。

　企業価値算定には次のような方法がある。

① DCF（Discounted Cash Flow）法

　将来その会社が生み出すキャッシュの合計を現在価値に直したものを企業価値とするという考え方であり、最も一般的な企業価値算定方法である。例えば、今後5年間の事業計画に基づき各年度で発生するキャッシュフローを合計し、6年目以降はその後一定のキャッシュフローが発生する（あるいは○％ずつキャッシュフローが増大する）等の予測をもとに、将来会社が生み出すキャッシュの合計を計算する。ただし、将来の不確定要素や金利等を考えると、5年後の1億円と現在の1億円は価値が異なるはずである。したがって、将来のキャッシュを単純に合計して終わりではなく、年間○％という一定の割引率を設定して、現在価値にディスカウントしたものを企業価値とするのである。

　理論的には、このDCF法による企業価値算定が最も正しいと言われているが、いくつか問題点も含まれている。まず、この計算が「事業計画」中のキャッシュフロー予測に依存しているという点である。売り手は、高く売るために「バラ色の事業計画」を開示しがちであるし、そもそも何年も先の事業計画はあくまで予測に過ぎない。極論すれば、「筆をなめた」数字をもとに精緻な計算をしているとも言えるのである。次に、「割引率」をどれくらいに設定するかによっても企業価値は大きく変動する。割引率には、絶対的な基準があるわけではないので、厳しく設定すれば価値は低く、甘く設定すれば価値は高くなるということになる。会社としてM&Aの際の割引率をあらかじめ定めておけば恣意性は排除できるが、案件のリスクの大小までを割引率に反映することは難しい。

② 純資産価値法

　会社の総資産から総負債を引いた純資産を企業価値とする評価方法である。会社を精算して切り売りした場合の理論上の価値に等しい。DCF法は、会社が儲かりキャッシュを生み出すことが前提の価値評価なので、利益の非常に低い会社や赤字会社の価値算定にはこの純資産価値法を使うことがある。

　しかし、この純資産価値法では、対象会社の人材・ノウハウ・顧客基盤と

いった無形のものの価値が反映されないという大きな問題がある。この問題からDCF法の方が使われることが多いが、小規模なM&Aにおいては、純資産価値をもとに、無形の価値を「のれん代」として若干加えるといった交渉が行われることもある。

③ 類似会社比較法

対象会社と類似の会社・同じ業界の会社の企業価値と、例えばEBITDA（Earnings Before Interest, Taxes, Depreciation, and Amortization、利払い前・税引き前・償却前の利益）の何倍であるかといった比較で企業価値を算定するものである。企業価値は、上場会社の時価総額や買収価格が公表されている他のM&A案件と比較することになる。

比較に適した類似企業が常に存在するわけではなく、また比較だけで企業価値を決めるのは適切ではない。したがって、この方法が単独で使われることは少なく、DCF法等で算出した価値の妥当性をクロスチェックするために用いられることが多い。

(3) 買収スキームの検討

M&Aには、対象会社の株式の買収、対象会社の一部または全部の資産の買収、対象会社と買い手（または買い手の子会社等）との合併、対象会社のうち一部の部門を会社分割した上でその分割新会社の株式の買収等、さまざまな形態が考えられる。買収形態は、対象会社の所在国の会社法や外資規制という法律面と、取引に付随する課税という税務面からの検討が必要で、案件ごとにその国の弁護士・会計士（税理士）と相談して決定することになる。

どのような形態がよいのかは、案件ごとの検討が必要だが、一般的に言われる株式買収と資産買収の比較は［**図表62**］の通りである。

図表62 買収形態の比較

	株式買収	資産買収
メリット	○取引がシンプル ○外部との取引関係を含め、すべてを自動的に引き継ぐ ○原則として第三者の同意不要 ○資産買収より税務上有利なことが多い	○不要なものを除外できる ○簿外債務・訴訟等を引き継がない
デメリット	○不要な部門・資産なども承継することになる ○簿外債務・訴訟等すべての潜在的な負債を引き継ぐ	○取引が複雑 ○権利の移転等に第三者の同意が必要 ○外部との契約を自動的には引き継がない ○株式譲渡と比較して高い課税となることが多い

　株主が変わるだけで会社実態に変化のない株式買収は、取引がシンプルで第三者の同意等の不確定要素が少ない。その一方で、その会社の買い手にとっての不要な事業も継承することになり、簿外債務や訴訟リスク等も除外できない。したがって、買収形態としてはまず株式買収を前提に考え、対象会社に不要な事業・資産がある場合や、後述のデューデリジェンスでリスクが大きいと判断した場合に、不要事業の切り離しやリスクの遮断を目的に資産買収を検討することが多い。

（4）LOI（基本合意書）の締結

　秘密保持契約のもとで受領した情報から、買収の方向で進めることが決まり、買収価格・買収形態といった基本事項の検討ができた段階で、買収価格や買収の重要条件を交渉し、LOI（Letter of Intent）・基本合意書等と呼ばれる書面を締結することが多い。

　LOIの概要は［図表63］の通りである。

図表63 LOI（基本合意書）	
目　的	**大枠の条件（各当事者にとっての必須条件）の合意**
性　質	○通常は法的拘束力なし ○ただし交渉において事実上の重みあり ○締結時点で社内外発表のケースも
主な内容	○価格（価格調整の条件） ○取引のスキーム ○デューデリジェンスへの協力 ○独占交渉権（期限付き） ○経営陣・従業員の扱い ○対外公表 ○スケジュール

　LOIは、M&Aの初期段階で、各当事者にとって必須の重要項目を交渉・合意しておくものであり、通常は、買収行為に対しては法的拘束力を持たない。では、なぜ法的拘束力のないLOIをわざわざ締結するのだろうか。それは、M&Aにおいて、この後のデューデリジェンスのプロセスに入ると、両当事者にとって時間とコストがかかる上、M&Aに向けた交渉を行っているという事実が社内外に漏れるおそれも出てくるためである。時間とコストをかけた後、あるいは対象会社の一定の従業員が「自社が売られる」と知ってしまってから、結局M&Aが破談になるような事態は、売り手・買い手ともに避けたいところである。したがってLOIには、「この条件（買収価格を含む）で折り合いがつかなければこの取引はない」といった重要事項を初期段階で交渉・合意しておき、M&A成立の確度を上げておいてから次のプロセスに入るという意味があるのである。

　LOIに法的拘束力がないとは言っても、上述の通り、お互いにとって重要と思われることについて交渉した結果が盛り込まれるので、最後の買収契約においても、LOIの合意事項は重要な重みを持つ。また、M&Aの交渉をしている事実がインサイダー情報にあたり、インサイダー情報として長期間保持することが望ましくない場合等は、LOI締結時点で社内外に公表することもあり得る。その場合は、両当事者にとって、さらに破談させにくい事態

となるので、LOIの交渉はより慎重に行うことになる。

　LOIに典型的に盛り込まれる項目は、買収価格（最終契約で見直しを予定する場合はその条件）、取引のスキーム（買収形態）、デューデリジェンスへの売り手の協力、経営陣や従業員の扱い（それが特に重要な場合）、対外公表の有無、スケジュール等である。さらにLOI締結後一定期間中は売り手が他社と売却の交渉をしないという「独占交渉権」を定めることもある。LOIは法的拘束力を持たないのが原則だが、独占交渉権を定める場合はその条項については法的拘束力ありと明記することが多い。買い手としては、他の買い手候補と両天秤にかけられることは避けたいため、独占交渉権を求めることが多い。そうすると、売り手としては、両天秤にかけて価格等の条件を交渉させることができなくなるので、LOIにおいて高めの価格で合意することを交換条件にする、といったこともよく見られる。独占交渉権とLOIにおける一旦の合意価格のトレードオフは、M&A序盤における駆け引きのポイントとも言える。

（5）オークション形式の場合

　上述のM&Aというゲームの中の「売り手が高く売る工夫」として、オークション形式を簡単に説明したが、オークション形式の場合のプロセスについてここで補足をしておく。

　オークション形式は、中規模以上のM&Aで売り手が明確に売る意思を持っている場合に多く用いられる。特に売り手がファンド等の場合は、オークション形式をとることが多い。

　オークション形式をとる場合、売り手側のFAが、直接または他のM&A仲介会社を通じて対象会社に興味を持ちそうな会社に声を掛ける。その興味を示した数社以上の会社と秘密保持契約書を締結し、同じ内容のインフォメーション・パッケージを提示する。次に、提供された情報をもとに、買い手候補からの一次入札が行われる。入札時に提示すべき事項は、売り手側より指示されるが、買収金額、想定する買収スキーム、買収の資金（借入の要否）等を含むことが多い。売り手は、一次入札から買収価格等で選んだ2、3

社にデューデリジェンスをすることを認める。デューデリジェンス後に、その結果を踏まえた第2次入札が行われる。その際に、売り手が示した買収契約のドラフトに対する買い手の修正案（マークアップ）を提示させることもある。売り手は、第2次入札の提示額や契約マークアップ等の条件を基に、最終交渉を行う相手を決める。そして最終交渉のうえ買収契約を締結するといった流れである。

7 | デューデリジェンス

（1）目的

LOI締結後、デューデリジェンスと呼ばれる対象会社の内容の調査のプロセスに入る。デューデリジェンスの目的は、主に次の3点である。

① M&Aの目的や目論んだシナジー等が本当に達成できるのかの見極め
② 対象会社が想定外の問題を抱えていないかの確認
③ 対象会社を知ることによる買収後の運営（PMI：Post Merger Integration）の準備

これらの目的を念頭に置き、事業部門が行うビジネス・デューデリジェンス、会計事務所と経理部門が行う財務・税務デューデリジェンス、法律事務所と法務部門が行う法務デューデリジェンスが並行して行われることが多い。

（2）実務プロセス

デューデリジェンスの実務の典型的なプロセスは、[図表64]の通りである。

| 図表64 | デューデリジェンスの実務プロセス |

○ **キックオフミーティング**
　▷社内関係部門、弁護士、会計士、ファイナンシャル・アドバイザー（FA）が集まる
　▷案件と対象会社の概要、買収目的等を説明、デューデリジェンス（DD）項目・役割
　　分担のすり合わせ
　▷買収目的・会社の性質から特に注力してほしい点などを指示

○ **資料要求リストの作成・提示**
　▷ビジネス・法務・財務の各チームで資料要求リストを作成
　▷FA が入れば、FA がリストの重複等を整理して統一リストとして提示

○ **マネジメントインタビュー／資料のレビュー**
　▷対象会社経営陣、関連部門マネージャーからのヒアリング
　▷経営陣による会社概要・商流等の説明の機会は、全 DD チーム合同で開催
　▷その後チームごとに適切な人からインタビュー

○ **報告書の作成**
　▷弁護士・会計士それぞれが「デューデリジェンス報告書」を作成
　▷法務 DD の場合、「報告書本文＋重要資料のコピー」という構成が一般的

○ **報告会の開催（重要案件の場合）**
　▷社内プロジェクトチーム・弁護士・会計士・FA が再度集まり、DD 発見点を報告
　▷重要問題について対応方法をディスカッション
　▷価格交渉すべき事項は FA が中心に取りまとめ、契約に反映すべき事項は法務・
　　弁護士が検討、契約ドラフトに反映

　まずは、社内関係部門、弁護士、会計士、ファイナンシャル・アドバイザー（FA）が集まってキックオフミーティングを行う。そこでは会社側から案件と対象会社の概要、買収目的等を説明し、各部門・社外専門家の間で、デューデリジェンス項目・役割分担のすり合わせを行う。また、会社からは、当該案件における買収目的・会社の性質から特に注力してほしい点（例えば対象会社の顧客が重要であれば、顧客との契約が確実に引き継げるか等）等を指

示する。

キックオフミーティングを受けて、ビジネス・法務・財務の各チームで、売り手側に出してほしい資料を列挙した資料要求リストを作成する。FAを起用したM&Aであれば、FAがリストの重複等を整理して統一リストとして提示することも多い。

次に、売り手側での資料の開示準備等が始まる。資料を詳細に分析する前に、対象会社経営陣、関連部門マネージャーからのヒアリングを行う、マネジメントインタビューが設定されることも多い。その場合、経営陣による会社概要・商流等の説明の機会は、ビジネス・財務・法務の全チーム合同で開催し、その後各チームで適切な人からインタビューを行うといった進め方がとられる。資料の開示は、パスワードの設定が可能なWEB・クラウド上のフォルダにアップロードするVDR（Virtual Data Room）という形がとられることが多い。

（3）デューデリジェンスの結果

デューデリジェンスを行うと、程度の差こそあれ、何らかの問題が発見されることが多い。発見された問題への対応は、次のようなものが考えられる（[図表65] 参照）。

図表65　デューデリジェンスで発見された問題への対応
① 買収価格の見直し
② 契約上の責任明確化
③「買収実行前に解決」が買収の前提条件
④ 買収方法（取引スキーム）の変更
⑤ 買収のとりやめ

① 買収価格の見直し

1つ目は発見された問題を定量化し、買収価格から差し引くという方法である。例えば、最近になって対象会社が重要な顧客から取引契約を解約されたということがわかった場合、その顧客から得られたはずの利益を、将来の

対象会社が生み出すキャッシュから差し引き、買収価格を減額するといった交渉が考えられる。

② 契約上の責任明確化

次に、発見された問題から生じる将来のコストや損害は売り手が負うことを、契約で明記するという対応もよく行われる。例えば、対象会社に損害賠償請求をする訴訟が提起されていた場合、その訴訟の結果の損害賠償や弁護士費用等のコストについて、売り手が買い手に補償するという旨を契約に定めるのである。

③ 「買収実行前に解決」が買収の前提条件

さらに、売り手側で買収前に解決に向けたアクションをとらせ、解決することを買収実行の前提条件とすることもある。例えば、対象会社が事業に必要な許認可を取得していないことがわかった場合、当該許認可の取得が買収実行の前提条件であることを契約に明記するのである。

④ 買収方法（取引スキーム）の変更

発見されたリスクが大きい場合には、買収方法や取引スキームを変更することも考えられる。例えば、対象会社が保有する不動産に重大な環境汚染の懸念がある場合は、当該不動産を買収対象から切り離すことが選択肢の1つである。

⑤ 買収のとりやめ

発見された問題の性質や程度によっては、買収そのものをとりやめることも考えられる。例えば、対象会社の最重要の製品・技術に重大な特許侵害の懸念がある場合、対象会社の技術を握るキーエンジニア数名が退職・起業しようとしている場合等、買収目的そのものを揺るがすような問題の場合は、とりやめることも視野に入れて考えるべきである。

8 ｜ 買収契約

（1）買収契約の性質

　デューデリジェンスが終わり、買収をとりやめるような事態も発見されなかった場合、いよいよ株式譲渡契約書（株式買収の場合）、資産（事業）譲渡契約書（資産買収の場合）等の買収契約の交渉・締結のプロセスに入る。

　買収契約は、上記2（4）で上述した通り、長く詳細な内容になることが多い。これには「会社」というリスクの高いものの売買であること、M&Aの売り手・買い手は通常その場限りの取引で長期的信頼関係がないこと、売り手・買い手間のリスクアロケーションのために詳細な規定が必要となることが背景にあった。

　買収契約は、買い手側の弁護士が第一ドラフトを作成する場合が多い。一般的にはデューデリジェンスと並行してドラフト作成に着手し、デューデリジェンスの結果を踏まえた内容を盛り込んで売り手に提示するという流れになる。

（2）買収契約交渉の進め方

　買収契約交渉の典型的な流れは、［図表66］の通りである。

図表66 買収契約交渉の典型的な流れ

○ **ドラフトとマークアップの交換**
　▷買い手側がファーストドラフト作成、売り手側が修正マークアップが一般的
　▷マークアップ版は PDF で、修正反映クリーン版を Word ファイルで送付
　▷1～2往復で、双方の相違点を明確化

○ **主要条件の交渉**
　▷マークアップ版やり取りでの相違点から、主要交渉項目を抽出
　▷双方で「まず交渉すべき主要項目」について合意した上で交渉開始
　▷各項目についての会社スタンスを共有した上で交渉に臨む

○ **詳細内容・ワーディングの交渉・合意**
　▷主要条件交渉の結果を受けて、いずれかの弁護士がマークアップ作成
　▷それをもとに、今度は弁護士・法務部門が中心になって最終交渉
　▷最後の詳細のワーディングで、意外に時間がかかることが多い

　まずは弁護士間でのドラフトとマークアップ版（修正案）の交換である。買い手側が第一ドラフトを作成し、売り手側がそれに対して修正をかけるのが一般的である。修正版は、変更履歴を表示したマークアップ版をPDFで、修正後のクリーン版をWordファイルで送付する。細かいことだが、広く使われているワープロソフトである「Microsoft Word」の変更履歴機能は「校閲者別」表示にすると、法律事務所・会社等で複数の人が手を加えた記録がわかってしまう。そこで「手の内」を見せないよう、変更履歴をマークアップした状態でPDFファイルにして送付するのである。このようにファイルを1～2往復させて、双方の相違点を明確化していく。

　次に主要条件の交渉である。マークアップ版の交換で明確になった相違点から、弁護士と法務部門が共同で主要交渉項目を抽出する。主要交渉項目は、あらかじめ相手方に送付し、「交渉すべき主要項目」について合意した上で、直接交渉に臨むのがよい。各交渉項目については、社内（法務部門・事業部門・条項内容によっては経理部門等）でスタンスを共有した上で交渉に臨む。この主要条件の交渉では、法務部門と事業責任者（場合によっては経営企画部

門）が同席するのが一般的である。

　最後に契約書の詳細内容とその具体的文言（いわゆるワーディング）レベルの交渉・合意である。上記の主要条件交渉の結果を反映して、売り手・買い手のいずれかの弁護士が契約のマークアップ版を作成する。それをもとに、今度は弁護士と法務部門が中心になってメールのやり取り、WEB会議等を含めた最終交渉を行うのである。最後の詳細のワーディングで意外に時間がかかることが多く、しかも契約締結・社外発表日は先に決まってしまうこともあるので、法務担当者としては、最後まで気が抜けず、胃がキリキリするような日々を送ることになる。

（3）買収契約の主要条項と論点

　買収契約に含まれる条項は、案件ごとに異なるが、多くの案件に共通して含まれる主な内容は、［図表67］の通りである。ここでは買収契約の主な論点について、簡単に解説する。

図表67　買収契約の主な内容

○ 買収当事者
○ 譲渡の対象
○ 対価と代金の支払時期・条件
○ 表明保証（対象会社に関する品質保証）
○ 損害賠償（上限・脚きり・期間）
○ 売り手の義務
○ 競合禁止
○ クロージングの前提条件
○ その他一般条項

---

① 契約締結とクロージングの関係

　契約締結とクロージング（買収実行）を同日に行うか、クロージングは後日とするか（そしてその場合はどれくらい間を空けるか）という問題である。一般に、早く確実に売りたい売り手は速やかにクロージングをすることを求め、クロージング準備を含めて慎重に買いたい買い手はクロージングを後日

に設定することを求める傾向にある。クロージングの時期については、他に次のような考慮すべき要素がある。

- クロージングを同日付でできない理由があるか（独禁法届出等の待機期間がある、資産買収形式等で契約締結後に移転準備手続がある場合等）
- 契約上の複雑さ（クロージングを別の日にする場合は、その間の経営の責任、危険負担、クロージング前提条件設定等が必要）

② クロージングの前提条件

契約締結日とクロージングを別の日にする場合、どのようなことが達成されていればクロージングを実行するかというクロージングの前提条件を決める必要がある。典型的なクロージングの前提条件としては次の項目が挙げられる。

- 独禁法審査等、買収に対する許認可の取得
- 受皿会社の設立等、買収スキームに沿った必要な手続の実施
- デューデリジェンスで発見された問題・懸念事項への対応（組合の同意、重要な契約の相手方の同意等）
- 買収契約締結後の対象会社に重大な（マイナス方向の）変化がないこと

売り手は、売却の不確定要素を最小限にしたいので、クロージングの前提条件をできるだけ絞り込みたい。買い手は、問題ないことを確認した上で買収したいので、どちらかといえば前提条件をきっちり定めて見届けたい。そのように、売り手と買い手の利害が異なるのである。

③ 買収価格の調整

買収契約において、クロージング時の賃借対照表（BS：Balance Sheet）の純資産や運転資本等のターゲットを定めておき、クロージング日時点の買収監査を行い、その結果で価格調整をする場合がある。

　その際には、ターゲットをいくらに設定するか、価格は下方修正のみか上方修正もありとするか、監査基準（特に在庫・売り掛け等の評価基準）、調整後の支払方法、買収監査のやり方（双方の会計士の役割等）、双方の会計士の意見相違時の解決方法等、多くの細かい論点が存在する。内容は経理・会計面での検討が中心となるため、経理部門・会計士との連携・確認が不可欠である。

④ エスクロー

　クロージング後の価格調整や、後述する表明保証違反の損害賠償に備えて、買収価格のうち一定額を直接売り手に支払わず、銀行の特別な口座に預託する場合がある。そのような預託口座を一般にエスクローと呼ぶ。このエスクローの設定は、売り手が個人の場合、売り手がファンド等で売却代金をすぐに分配する場合、売り手が経営不振で子会社を売却する場合等、売り手の将来の支払能力に疑問がある場合には、特に重要となる。エスクローを設定する場合は、エスクローする金額（当然売り手は少額を、買い手は多額を要求する）、エスクローに保持する期間（当然売り手は短期を、買い手は長期を要求する）等が交渉の論点となる。

⑤ 表明保証

　表明保証は、英語の「Representations & Warranties」から「レプワラ」等とも呼ばれ、買収契約特有の条項である。要は、「会社に問題がない」ことをさまざまな角度から品質保証する条項と言える。その上で、実際に発生し両当事者が認識している問題については保証の例外として別紙に開示するという形態をとる。

　表明保証の保証項目としては次の通り多岐にわたり、欧米でのM&Aでは表明保証だけで数十ページに及ぶことも少なくない。

- 買収する株式（資産）の所有権
- 対象会社の出資・資本構成

・決算書の正確性・妥当性
・直近の決算日以降の事業が通常になされ、大きな変更がないこと
・法的責任や紛争（借入・税金・年金・環境問題・訴訟）がないこと
・法令違反やコンプライアンス上の問題がないこと
・資産の状況（所有権・不動産の状況・知的財産権の状況）
・取引関係（主要契約の状況・従業員・雇用関係）
・提供された情報の正確性、重要情報はすべて開示されたこと

　このそれぞれの項目で、保証範囲をどこまでとするか、「知る限りにおいて」という限定や、重要度の基準による限定を加えるか等の論点があり、買収契約のワーディングの最終交渉に時間がかかる要素にもなる。

　また、すでに発生している問題については、売り手としても「そのような問題はない」という表明保証ができない。そのような場合には、例外として表明保証から外した上で、「その問題から買い手に生じた損害を補償する」といった個別の補償条項を設けるのが一般的である。

　また、ここで表明保証保険についても言及しておきたい。表明保証保険は、M&A取引において売り手が行う表明保証に違反があった場合、買い手に生じた経済的損害を補償することを目的とした保険商品である。表明保証保険は、2000年頃から欧米において活発に利用され始め、日本でも2010年代後半から活用される機会が増えている。なお表明保証保険を付けるからといって、デューデリジェンスで手を抜いていいということはなく、表明保証保険の適用の前提として、通常は十分なデューデリジェンスの実施が求められる。

　表明保証保険には、保険会社との交渉の必要性や保険のコスト等のデメリットもあるが、特に、売主がファンドや個人の創業者（一族）である場合等、表明保証違反により生じる賠償責任を長期間負担しにくい場合に多く用いられている。

⑥ 損害賠償・補償

　上述の表明保証違反の場合や、個別の補償条項に基づいて売り手が買い手

に補償する際にも、損害賠償・補償の責任範囲について、売り手・買い手間のさまざまなリスクアロケーションがあり得る。

まず、表明保証違反の際の売り手の損害賠償額の上限を定めることが多い。上限額は、買収金額や各国の実務上の相場感覚等によって異なる。例えば、米国での100億〜200億円くらいの買収であれば、損害賠償額は買収価格の5〜10％あたりが相場感覚である。

次に、一定金額を定め、それより低額については責任を負わないという損害賠償の免責（脚きり）額を定めることもある。この定め方は、1件あたりの免責額を定める場合、累計での免責額を定める場合、免責額を超えたら全額賠償か、超えた部分のみを賠償か等、さまざまなバリエーションがある。

損害賠償の期間を限定することも多い。これは、商品売買における「品質保証期間」のようなものである。期間としては1〜2年が一般的であり、買い手としては、買収後1年のイベントが一回りして表明保証の有無を判断できるよう、最低1年はほしいところである。

なお、上限・脚きり・期間等の免責を定めても、すでに発生している問題は上限・脚きりの対象外とする、税金・環境等、時間がたって大きな問題となり得る事項について、期間を特に長く設ける等の例外を置くことも多く、このあたりも買収契約の重要な交渉ポイントとなる。

9 ｜ 独禁法に基づく届出

M&Aは、対象会社を自社グループ内に取り込む行為であり、特に競合企業を買収する場合には、その会社との競争がなくなることを意味する。したがって、M&Aは競争を減少させる効果があるとして、各国の独禁法当局がM&A実行前に審査を行うことが多い。詳細は、各国の独禁法を専門とする弁護士に相談しながら進めることになるが、ここでは、各国での共通点や注意すべき点について述べる。

(1) 届出要否の調査

国により独禁法上の届出要否の基準は異なるが、非常に小規模のM&Aは競争に与える影響が小さいことから、一定規模以上のM&Aが届出対象となる。例えば日本では（2023年8月現在）、買い手側グループの国内売上高の合計額が200億円を超え、対象会社とその子会社の国内売上高の合計額が50億円を超えるような株式買収について届出が必要となっている。同様に、米国・欧州・中国等、買い手と対象会社が事業活動を行っている国・地域について、届出の要否を調査し、届出が必要な場合は、その準備や待機期間をあらかじめスケジュールに織り込んでおく。なお、中国の独禁法審査には時間がかかり、特に外国企業による買収の場合は、自国の産業保護を考慮した政策的判断が影響して、結論がどう出るかはさらに読みづらいと言われている。中国での届出が必要な案件については、事前に専門家にしっかり確認しておくべきである。

なお、届出要否の基準は、頻繁に見直し・変更が行われるので、常に最新情報に基づいて判断することが必要だ。例えば、米国のハートスコットロディノ法に基づく届出基準は、経済状態を反映して毎年見直しが行われている。

さらに、2020年代の米国と中国の対立状態、ロシアによるウクライナ侵攻といった状況等、経済安全保障の観点から、特定産業における外資による買収の制限を厳格化する動きもある。これらについても情報の収集・アップデートが必要となる。

(2) 届出書式の準備と届出

届出が必要な国を特定できたら、当該国の弁護士と共同で、届出書式の内容や提出書類を確認し、デューデリジェンス等他のM&Aプロセスと並行して準備にあたる。

この届出書式や提出書類も国により大きく異なる。例えば日本の届出書式においては、届け出る会社が「商品又は役務の種類」と「事業地域」により市場を定義し、その市場における上位の会社名とマーケットシェアを記載する。そのため、どのように市場を定義し、どのような根拠でマーケットシェ

アを計算するのか（あるいはどの統計資料を使うのか）という判断が必要となる。また、米国での届出の際には、そのM&Aについて社内で議論した資料や取締役会等への上程資料の添付が求められる。したがって、米国での届出が必要な案件では、会社トップや取締役会への説明資料の作成にも注意が必要である。例えば、買収後のマーケットシェアが高くなることや、競争がなくなることを強調する資料を作っていると、それが独禁法当局の目を引く可能性が高くなる。

　また、届出時期をどのタイミングにするかも問題となる。多くの国で、届出後1ヵ月程度（独禁法上の懸念がある案件として詳細調査に入る場合はその後さらに2〜6ヵ月）の審査期間終了までは買収の実行（クロージング）ができない。買収契約の締結後届出をすると、契約締結後クロージングまで少なくとも1ヵ月間が空いてしまうので、早く確実に売りたい売り手側としては、その長さに難色を示すことがある。一方で、買収の審査中に、独禁法当局が顧客へのヒアリングを行う場合がある。通常は買収契約締結時に対外公表を行うので、その前に、買収についての情報が独禁法当局から顧客の耳に入るという事態は、避けたいところである。この両者のバランスを考え、買収契約締結がほぼ確実になり、対外公表の日時も設定できた段階で、契約締結よりは少し早く届出をする等の検討が必要な場合がある。

（3）Gun Jumping 規制

　買収の独禁法審査で承認される前に、買収行為の一部や買収を前提とした協調行為を行うことは「Gun Jumping」（日本語では「フライング」）と呼ばれ、禁止されている。したがって、デューデリジェンスやその際のマネジメントインタビューで対象会社の役職員と話す機会があったとしても、商品価格の調整や顧客の分割といった競争制限につながる会話をしてはならない。また、対象会社が競合企業である場合には、対象会社から情報入手する場合も、個々の商品の販売価格、原価、顧客等の競争上センシティブな情報には注意が必要である。デューデリジェンス等で情報の入手・検討が必要な場合であっても、競争上センシティブな情報については、事業部門以外のいわゆ

る「クリーンチーム」が情報を受領し、クリーンチームが加工して一般化した後で事業部門に共有する等の工夫をすることが求められる。競合企業の買収の場合には、法務部門として、これらの点について事業部門に注意喚起をしておくべきである。

なお、買収とは関係ない理由であっても、買収プロセス中に対象会社と競合する商品を値上げすることは慎重に考え、可能な限り避けるべきである。なぜなら、独禁法当局にGun Jumpingを疑われる、独禁法当局が顧客にヒアリングした際に顧客がネガティブな反応を示す可能性がある、といったリスクが考えられるからである。

10 | クロージング

買収契約が締結され、独禁法の審査も完了すると、いよいよクロージング（買収実行）を迎える。クロージングは、売り手・買い手いずれかの弁護士の事務所（あるいは事務所間をTV会議等でつないで）、株券等会社の所有を示す書類、売り手側から派遣された役員の辞任届、その他必要な書類の取り交わしと買収金額支払の確認を行う。クロージングをスムーズに行うために、前日までに必要な書類はすべて確認し、銀行への送金指示も済ませておくことが一般的である。

また、クロージングと同日付で、新しい役員の選任、（社名を変える場合は）商号の変更までの会社法上の決議も行われることが多い。

法務部門としては、クロージング日をもってM&Aは終了となるが、事業部門にとっては、買収対象会社の経営がこの日から始まることになる。そして法務部門としても、自らが法務案件を担当する関係会社が1つ増えることになるのである。

第4章 合弁事業（ジョイント・ベンチャー）

　自社のみで達成することが難しい事業を行う際に、有力な選択肢となる「合弁事業」。しかし、共同出資者間の利害の不一致等を生みやすいことから、「永遠の合弁はあり得ない」というのが定説でもある。本章では、合弁事業という「ゲーム」の構図を理解し、合弁契約書の内容・主要条項について確認する。また、法務部門として特に注意すべき「合弁の解消」についても、詳しく解説していく。

1 ｜ 合弁事業（ジョイント・ベンチャー）とは

　合弁事業とは、複数の当事者が共同して事業を経営することであり、ジョイント・ベンチャーとも呼ばれる。多くの場合は、別法人として合弁会社を設立し、合弁事業の当事者はその株主となるが、建設業でよく用いられる共同企業体のように、法人設立をともなわない形態もある。本章では、複数の当事者が株主として合弁会社を設立する形態の合弁事業について述べる。

　合弁事業という形態はさまざまな目的で用いられる。その代表的な例を3つ挙げておこう。1つ目は、例えば製造技術を持つ会社と強力な販売網を持つ会社のように、違う特徴を持つ会社が、それぞれ「強み」を持ち寄る形で合弁事業を行うケースである。2つ目は、特に海外で新たな国や事業に進出する場合において、当該国の有力な事業者と組んで合弁事業を行う場合である。国と事業内容によっては、外資100％での会社設立が許されておらず、外資規制の面から地元資本との合弁という形態をとらざるを得ないこともある。3つ目は、成熟産業・成熟市場において、競合企業間で、ある一定の事業を統合し、合弁会社として運営するケースである。半導体・ディスプレイ等、日本の大企業間の大型の合弁事業にはこのパターンが見られる。

2 | 合弁事業というゲーム

(1)「合弁事業」というゲームの構図

　上述の通り、合弁事業とは、複数（多くの場合は2社）が共同で出資する会社を通じて事業を行うことであり、その事業には、[**図表68**]のような特徴がある。

図表68 「合弁事業」というゲーム

○ 複数（多くの場合は2社）が共同出資をする会社を通じて事業を行う
○ 合弁会社の「始め方」は新規設立、既存会社に資本参加、共同新設分割など、さまざまなバリエーションがある
○ マジョリティかマイノリティかで、ゲームの仕方は異なる
○ 共同出資者の利害は必ずしも一致しない
○ 合弁は「永遠」には続かない

　まず、合弁事業と一言で言っても、その「始め方」には、新規の設立、既存会社への資本参加、共同新設分割等さまざまな形態がある。そして、各形態によって必要な手続や注意すべき点が異なるのである。

　次に、自社が合弁会社に対し、合弁会社の過半数株主（以下「マジョリティ」と称する）として関わるのか、少数株主として関わるのかによって、合弁事業というゲームの仕方が異なるという点が挙げられる。

　さらに、共同出資者の利害は必ずしも一致せず、合弁事業を行っていく上でそれが顕在化することが少なくないというのも特徴である。

　そして最後に、利害の不一致とも関係するが、合弁会社は「永遠」には続かないという点を挙げておこう。したがって、最後には「どのように合弁を解消するのか」という検討も必要になる。

　以下、本章では、これらの合弁事業の特徴について述べた後、合弁契約の主な内容と、特に注意すべき事項について検討することとしたい。

（2）合弁会社の設立形態

　［図表69］は、合弁会社の典型的な始め方である、①新規設立、②既存会社への資本参加、③共同新設分割について、概要・法的手続・金の流れ・組織・法的リスク・その他難しい点について相違点をまとめたものである。

図表69	合弁会社の設立形態と相違点		
	①新規設立	②既存会社への資本参加	③共同新設分割
概　要	2社以上が発起人（株主）として新会社を設立	すでにある会社に新たに株主として出資	2社がそれぞれの事業を切り出して新会社設立
法的手続	会社設立	株式買収または新株引受	会社分割
金の流れ	各株主→合弁会社	新株主→既存株主、または新株主→既存会社	原則として発生せず
組　織	一から設計（人を送り込む・採用する）	すでにある組織を活用	2社の組織を統合
法的リスク	必要な許認可・契約等が取得できない可能性	既存会社が紛争・簿外債務等を抱えている可能性	分割対象事業が紛争・簿外債務等を抱えている可能性
難しい点	利害調整をしながら一から組織作り・事業立上げ	既存株主・経営陣の継続的コミットメント	文化の異なる2社の事業の統合・融合

　まず、①新規設立は、2社以上が（日本の会社法で言えば）発起人である株主として、新会社を設立するというもので、法的手続は通常の株式会社の設立である。その際の金の流れは、各株主から新会社に対し、資本金を送金するという形となる。新規の設立であるので、会社の組織は一から設計して作り上げることになる。その際には、各株主の会社から人を出向等で送り込むこと、合弁会社として独自に採用することの両方を考える必要があるだろう。

　この新規設立の場合、会社そのものに元から問題があるというリスクはないが、むしろ必要な許認可が本当に取得できるのか、重要な顧客・取引先との契約が本当に締結できるのかといったあたりが法的リスクとなるだろう。また、この形態での難しい点としては、合弁パートナー間で利害調整をしながら、一から組織作りと事業立上げを行う点が挙げられる。その点では、100％子会社を立ち上げる以上の苦労をともなうことが多い。

　次に、②既存会社への資本参加の形態は、すでにある会社に新たに株主と

して出資するというものである。出資の形態は、既存株主からの株式の一部買収、当該会社が新たに発行する株式の引受け、またはその組み合わせが考えられる。既存株主からの買収では、買収対価が既存株主に支払われるのに対し、新株引受の場合は、株式の対価は当該会社に対して支払われる。したがって、既存の株主にとっては、自らにキャッシュが入る株式買収形式が一般的に好ましい。一方で、新たに合弁事業化するにあたり、会社自体にキャッシュ投入が必要であれば、株式買収と新株引受を組み合わせるようなことも考えられる。いずれにしても、M&Aの場合と同様に会社自体の価値をどう評価し、株式の価格をどう定めるかという検討・交渉が必要になる。

組織の面で言えば、既存会社の組織を活用しつつ、そこに対して追加で人を送り込む等の組織強化策を考えることになる。

また、法的リスクという面では、既存会社が訴訟・紛争や簿外債務等を抱えている可能性があり、M&Aの場合と同様に事前のデューデリジェンスや、株式買収契約における表明保証条項での対応等が必要となる。このあたりについては、**本部第3章「M&A」**もあわせてお読みいただきたい。

なお、この形態特有の難しい点は、既存株主や経営陣の継続的コミットメントをいかに確保するかということが挙げられる。特に、「社長＝株主」のオーナー社長から株式を買い取って合弁化する場合等は、金を受け取ると同時に「自分の会社」という意識が薄らぎ、今までほど強く会社にコミットメントをしないという事態も十分に考えられる。オーナー社長のコミットメントが引き続き必要であれば、業績連動ボーナスや、株式の二段階買収で買収価格が業績に連動する等、何らかのインセンティブの設計が必要だろう。

最後に、③共同新設分割は、2社がそれぞれの持つ合弁対象事業を切り出して新会社を設立するというもので、会社分割手続を用いる。会社分割手続においては、合併手続同様、原則として金の流れは生じない。日本では2002年の商法改正により会社分割制度が創設され、その後よく用いられている。2社が同様の事業をすでに行っていて、それを統合して合弁会社とするという競合会社間の合弁のような場合に適した形態である。

組織面で言えば、新設が一から設計、資本参加が既存組織を活用するのに

対し、共同新設分割では、2社の組織・人を1つの会社に統合するという特徴を持つ。

　また、法的リスクという面では、分割対象事業が訴訟・紛争や簿外債務等を抱えている可能性があり、M&Aの場合と同様に事前のデューデリジェンスや、株式買収契約等における表明保証条項での対応等が必要という点は、資本参加と同様である。

　この合弁事業の形態の難しい点は、企業文化・風土の違う2社の事業・組織をいかにうまく統合・融合するかということである。これは、企業間の合併の難しさと同様の性質のものである。

(3) マジョリティかマイノリティか（[図表70]）

　合弁事業にとって非常に重要な意思決定事項は、自社がマジョリティをとって経営権を握るのか、マイノリティの出資者となるのかという点である。

図表70　マジョリティかマイノリティか

○ **出資比率をどうするか**
　▷会社法上意味があるのは、1/3超、50％、50％超、2/3超
　▷出資比率の過半数をとれば、「経営権取得」
　▷1/3は特別決議事項について拒否権を持つ

○ **50：50の合弁**
　▷一見対等で美しい
　▷何もかも「デッドロック」の可能性、お勧めできない

○ **この合弁会社はどちらの会社か**
　▷「子会社」としての管理・決算・開示
　▷合弁解消時はどちらが買い取る？

　意思決定のポイントは、具体的には出資比率をどう設定するかである。日本の会社法上意味があるのは、「1／3」「50％」「2／3」という数字である。出資比率の過半数（50％超）を握れば、いわゆる経営権を取得することになる。取締役・監査役の選任、剰余金の配当等、株主総会の普通決議事項は、過半数を持てば自社だけで決議できる。したがって、合弁契約書等で特に定

めない限りは、過半数を持てば、すべて自社の意向で役員を選任することも可能なのである。逆にマイノリティの場合は、役員の選任の権利等を契約で定めておくことが必要になる（この点については後述する）。

日本の会社法上、例えば定款変更、他社との合併、解散等の重要事項は株主総会での特別決議事項となり、2／3以上の株主の賛成が必要である。したがって、マイノリティの出資者となる場合は、少なくとも1／3を超える出資をするかというのが検討・交渉の要素となる。なお、特別決議事項に近い規定は、他の国の会社法でも見られることがあるので、日本以外での合弁事業の際は、特別決議事項の有無・内容・必要な賛成の比率については事前に確認が必要である。

それでは、両社が50：50の対等の合弁事業というのはどうであろうか。対等であることは一見美しく、株主から合弁会社に出向する社員等にも説明がしやすい。しかし、最終的に株主総会で決議する際は「過半数」が必要なので、ひとたび意見が対立すれば、株主総会でどちらの主張も通らない「デッドロック」になりかねないので、よほどの理由がなければお勧めできない。

マジョリティかマイノリティかについては、上述の意思決定権だけでなく、「そもそもこの会社はどちらの会社か」という面でも判断が必要である。50％超を保有する「子会社」となれば、自社の連結決算の対象となり、子会社の重要事項は開示対象にもなる。そのため、合弁事業に対しても、「子会社」として他の子会社同様の経理財務・コンプライアンス等の管理対象としなければならない。

また、この点は合弁解消時のあり方にも大きく影響する。合弁事業の解消時は、どちらかが相手方の株式（持分）を買い取って100％化することが多い。その場合、通常はマジョリティを持ち、子会社として管理してきた側が、マイノリティ側から株式を買収することが一般的である。

(4) 共同出資者の利害の不一致 ([図表71])

合弁事業の特徴、あるいは難しい点として、合弁事業のパートナーである共同出資者の利害が必ずしも一致しないことが挙げられる。

図表71　共同出資者の利害の不一致

○ **目的が異なる場合**
　▷技術力のあるA社と販売力のあるB社が合弁で製造会社設立
　▷A社は製造する合弁会社が利益を出すことが重要
　▷B社は合弁会社の製品をB社を通じて販売し、B社が利益を出すことが重要
　　（この場合、合弁会社からは製品を安く購入したい）

○ **目的が同じだが利害が衝突する場合**
　▷ジョイント・ベンチャー（JV）で製品を製造。A社・B社がそれぞれを販売、
　　販売チャネルでバッティング
　▷JVで製造・販売もする。しかしJVへの供給や付帯サービスについて、A社・
　　B社が競争

これらの利害衝突から、結局長続きせず合弁解消に至る場合あり

　利害不一致の1つのパターンは、合弁会社設立の目的が異なる場合である。例えば、製造技術を含む技術力のあるA社と、有力な営業部隊を持ち販売力のあるB社が合弁事業を行ったとしよう。その場合、A社は、合弁会社に製造のための技術ノウハウを供与し、合弁会社が製品の製造販売で利益を上げ、A社に技術使用料や配当で還元することを期待するかもしれない。ところがB社は、合弁会社の製品を購入し、B社が再販売することで利益を上げることが重要かもしれない。この場合、B社としては、合弁会社からなるべく安く製品を購入したいということとなり、合弁会社で利益を生み出したいA社と利害衝突が起こるであろう。

　もう1つのパターンは、合弁会社の設立の目的は同じだが、事業を開始すると利害衝突が明らかになる場合である。例えば、合弁会社で製品を製造し、共同出資者であるA社・B社がそれぞれの販売ルートでその製品を販売し始めたとしよう。A社・B社の販売ルートが、別の市場（地域や国・顧客層等）を狙っていたのなら大きな問題は発生しないのだが、A社・B社が同じ顧客にアプローチし、同じ製品の値引き合戦で競合し、十分な利益が得られないということが、往々にして発生する。

　それでは、合弁会社が自前で販売機能までを持てば、このような利害衝突

は発生しないだろうか。確かに顧客への販売を巡った直接の競合は発生しないかもしれない。しかし、そのような場合も、合弁会社で製造するための原材料をA社・B社のいずれから供給するか、販売した製品の保守・メンテナンスサービスをA社・B社のいずれが担当するか、等で利害の対立は起き得るのである。

これらの利害衝突から、結局合弁事業は長続きせず、どちらかの子会社となって合弁事業を解消するというケースもよく発生する。そのため、後述の通り、合弁契約書作成においては、合弁事業の解消方法を検討しておくことが重要なのである。

3 │ 合弁契約書の内容と主要条項

（1）合弁契約書の内容

合弁事業の設立形態にいくつかのパターンがあることは、上述の通りである。合弁事業を行うにあたっては、各設立形態に共通して「合弁契約書」を締結することが多い。多くの合弁契約書に共通する主な内容は［図表72］の通りである。

図表72 合弁契約書の主な内容

① 合弁会社の概要（社名・本店所在地・資本金・出資比率等）
② 合弁会社の設立方法・出資金の支払、出資実行のクロージング等の定め
③ 合弁会社がどのような事業を行うか
④ 合弁会社の意思決定をどのように行うか（株主総会・取締役会・両者の事前合意等）
⑤ 合弁会社の役員構成（各出資者から何名の役員を指名するか）
⑥ 合弁会社からの出資者への配当の方針
⑦ 合弁会社が増資する際の各出資者の引受けの方針
⑧ 許認可取得・必要な人員の出向等、各出資者から合弁会社への協力義務
⑨ 合弁会社・出資者間の競合禁止
⑩ 合弁会社株式の譲渡の制限
⑪ 合弁解消の方法
⑫ 合弁会社の解散・清算

　これらの共通項目に加えて、既存会社への出資であれば、既存会社が大きな問題を有していないことについての表明保証や違反時の損害賠償の条項等も重要になる。また、共同新設分割の場合は、互いに、相手方の分割対象事業が大きな問題を有していないことの表明保証や違反時の損害賠償を求めることになる。

　以下、本章の残りの部分では、合弁契約書の主要項目のうち、合弁会社の意思決定、合弁事業と競合禁止、合弁の解消について述べることとする。

（2）合弁会社の意思決定（[図表73]）

図表73　合弁会社の意思決定
○ **契約に定めるべきか** 　▷何も定めなければ会社法の原則（株主総会・取締役会） 　▷マジョリティを持つ側は、契約上の定めは不要（法律上は単独で取締役選任も可能） ○ **意思決定に関連する契約の規定** 　▷役員指名に関する合意 　▷重要事項につき契約上の事前合意や拒否権を定める 　▷主にマイノリティ側の要求による 　▷事前合意の範囲をどこまでにするか 　▷「デッドロック」の取扱い

　合弁会社であっても、株式会社形態であれば、会社法上の意思決定機関は存在する。すなわち、役員選任を含む最も重要な事項の決定は株主総会が、会社の業務執行に関する重要事項は取締役会が決定する。したがって、過半数の株式を保有するマジョリティ側にとっては、実は、合弁契約で意思決定について定める必要がない。特に定めがなければ、誰を取締役に選任するかも、マジョリティ側の意向で決めることができる。

　しかしながら、合弁事業は複数の会社が一緒に事業を経営する形態であるため、一方の当事者だけがすべての役員を選出し、一方だけで何もかも決定するわけにはいかないことが多い。典型的には、合弁契約において、各出資者からの役員の指名に関する条項を定めておく。例えば取締役会を5名で構

成する場合に、マジョリティ側の出資者が3名、マイノリティ側出資者が2名選出し、代表取締役はマジョリティ側が選出した取締役とする等の規定が置かれる。

それに加えて、合弁会社の重要な事項については、株主総会・取締役会以外に、契約上で、両当事者の事前合意を必要とするように定めることもある。これは主としてマイノリティ側当事者の要求により定めるものであり、これによってマイノリティ側が会社法上は持たないある種の「拒否権」を持つことになる。この事前合意（あるいは拒否権）を認めるか否か、認める場合にどのような範囲とするかは、合弁契約上の重要な交渉事項である。例えば、合弁会社が営む事業の大きな変更、中期経営計画、年度予算等を事前合意事項としておくケースがある。

合弁契約の交渉時は、双方とも前向きに合弁事業の準備をしているため、事前合意条項についてもあまり問題視せず合意する場合がある。しかし、合弁事業開始後に事前合意事項について双方の意見が異なると、いわゆる「デッドロック」に乗り上げて、意思決定がなかなかできない、意思決定に大幅な妥協が必要、といった事態が発生する。そのような可能性があるため、事前合意事項（マイノリティが拒否権）を定める場合も、その範囲は原則として限定的にするとともに、デッドロックが続く場合には合弁解消のトリガーとなるような定めを置くことを検討すべきである。

（3）合弁事業と競合禁止（[図表74]）

図表74 合弁事業と競合禁止

○ **誰の誰に対する競合禁止か**
▷合弁パートナーが、合弁会社との競合を禁止
▷合弁会社が、合弁パートナーとの競合を禁止
▷合弁パートナー同士の競合を禁止

○ **競合禁止の期間**
▷合弁契約有効期間中
▷合弁契約締結後一定期間（例：3～5年）

○ **独禁法に注意**

　合弁事業を行う複数の当事者（出資者）と合弁会社は、その事業に対する関心があり、事業に関与する能力があるという点で、潜在的あるいは顕在的に競合関係になり得る。そこで、出資者・合弁会社間で不要な競争行為が行われないように、一定の競合禁止条項を定める場合がある。

　ここでまず考えなければならないのは、誰の行為を拘束したいのか、誰の誰に対する競合禁止かという点である。例えば、既存の会社に出資する形で合弁会社化する場合、元の親会社から一定の持分（株式）を買い取るのであるから、元の親会社がまた別に同様の事業を開始しないように、元の親会社（既存株主）を拘束する形で、合弁会社と競合する事業を禁止することが考えられる。また、共同新設分割の場合では、それぞれの当事者（新設会社の株主）が、合弁会社に移管した事業と競合することを禁止することもあるだろう。

　逆に、合弁会社の事業範囲を限定しておき、株主（合弁パートナー）と競争することをあらかじめ防いでおくような競合禁止も考えられる。また、合弁パートナー間の利害衝突をできるだけ避けるため、合弁会社で製造した製品の販売地域を分割してお互いに競争しないといった合意をしたいというケースもあるかもしれない。

　競合禁止を定める場合は、その期間についても十分な検討が必要である。一般的には、合弁契約書の有効期間中はずっと競合禁止とする場合や、合弁契約締結後一定期間中（例えば3〜5年）競合禁止とする場合が考えられる。合弁事業開始時には問題ないと思っていた競合禁止が、その後の事業環境・顧客動向・技術革新等により、思いがけない事業の制約となることもあり得る。したがって、競合禁止を定める場合も、合弁契約有効期間中といった無期限のものではなく、一定期間に限定しておく方が通常は望ましい。無期限の競合禁止があると、合弁事業はうまくいっているのに、競合禁止を解消したいために、合弁事業を解消することにもなりかねないのである。合弁の解消については次で述べる。

　また、競合禁止を定める場合は、合弁会社および出資者が事業を行う国の独禁法に反しないかという点に注意が必要である。認められる競合禁止の範

囲は、各国の独禁法、禁止する目的、禁止の範囲、各当事者のマーケットシェア等によっても異なるので、ここでは詳述しないが、必ず事前に独禁法の観点でのチェックをすべきである。

（4）合弁の解消

合弁事業は当事者間の利害の微妙なバランスの上に成り立つもので、上述した通り、当事者間の利害の不一致・衝突が顕在化することも珍しくない。したがって、一般的に「合弁」のまま永久に続くことはなく、契約上も、いつかは解消があり得るという備えが必要なのである。

しかし、合弁事業開始検討時には、当該事業の当事者は、合弁構想に前のめりであり、「うまくいかなかった場合」を想定していないことが多い。そのような中で、法務担当者が合弁解消の契約条項を持ち出すことは、結婚する前に「離婚の条件」を交渉するようなもので、あまり歓迎されることではない。しかし、この「離婚の条件」こそ、合弁契約で最も重要な条項の1つなのである。したがって、法務担当者は、典型的な「離婚の条件」について、理解し、使えるようになっていなければならない。

［図表75］では、合弁解消の主な方法について3種類を挙げている。

図表75 合弁の解消

○ **合弁のままの永続はない：結婚する前から「離婚条件」を定める**

○ **合弁解消の方法**
　① 一方当事者が相手方株式を買収し100％化
　　・Put Option
　　・Call Option
　② 一方が第三者に株式譲渡
　　・First Refusal Right
　　・Tag Along Right
　③ 合弁会社の解散

1つ目は、一方当事者が相手方株式を買収し、100％子会社にするという方法である。これはどちらが主導して行うかによって、「Put Option」「Call

Option」等と呼ばれる。2つ目は、一方当事者が第三者に株式を譲渡して合弁を離脱する方法である。しかし無制限に譲歩を認めるわけにはいかないので、一定の制約を課すことになる。典型的なその制約条件を「First Refusal Right」と呼ぶ。3つ目が合弁会社を解散し、残余財産を出資者に分配して解散する方法である。以下、その3つの方法について詳述する。

① Put Option / Call Option

まず、Put Option / Call Optionとは何だろうか。[図表76] は、Put Option / Call Optionの基本的な概念を示したものである。

Put Option は、日本語で言えば「売却権」とでも訳せるだろうか。 合弁の一当事者が、相手方に対し、自社の保有する合弁会社持分を売却する権利である。例えば、[図表76] では、A社がPut Optionを行使し、A社が保有する合弁会社株式をB社に売却し、その結果合弁会社はB社の100％子会社となったことを示している。

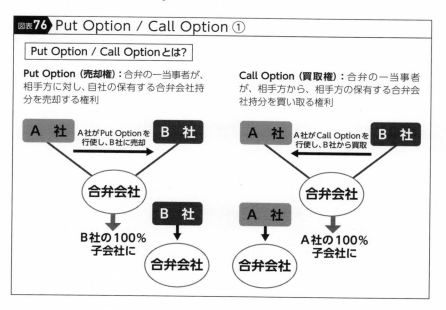

図表76 Put Option / Call Option ①

Put Option / Call Optionとは？

Put Option（売却権）：合弁の一当事者が、相手方に対し、自社の保有する合弁会社持分を売却する権利

Call Option（買取権）：合弁の一当事者が、相手方から、相手方の保有する合弁会社持分を買い取る権利

A社がPut Optionを行使し、B社に売却　→　B社の100％子会社に

A社がCall Optionを行使し、B社から買取　→　A社の100％子会社に

売却権である Put Option に対し、Call Option は「買取権」と言えるだろう。すなわち、合弁の一当事者が、相手方から、相手方の保有する合弁会社持分を買い取る権利である。同様に、[図表76] では、A社がCall Option を行使し、B社が保有する合弁会社株式を買い取り、その結果合弁会社はA社の100％子会社となったことを示している。

Put Option / Call Option を契約に定めるにあたって、考えておくべきことを示したのが [図表77] である。

図表77 Put Option / Call Option ②

誰が権利を持つのか？
1. 基本的にはマジョリティ側が Call Option、マイノリティ側が Put Option を持つ立場
2. 一方が Put or Call を要求すると、相手方もその裏返しを要求することが予想され、結局 Put / Call 両方の条項になることが多い

いつ権利を行使できるのか？
1. 特定の見直しタイミングで
2. 一定期間(ロックアップ期間)終了後いつでも
3. 一定期間終了後で重大な意見の相違、デッドロック、経営悪化などトリガー事由発生時

権利行使時の譲渡価格は？
1. あらかじめ価格を決めておく
2. その時点の純資産価値などを基準に価格の計算方法を決めておく
3. 譲渡時の FMV (Fair Market Value)とし、その時点で第三者に評価させる

上記3. の FMV 算出方法のバリエーション(「ベースボール・アービトレーション」)

▷ 両社が公正と思われる価格を算定して提示。その結果が近ければその中間値をとる
▷ 乖離があるときは第三者に評価させる
▷ 各社提示価格のうち、第三者評価と近い方 (または近い方と第三者評価の中間値) を FMV と認定

まず、誰がその権利（Put Option または Call Option）を持つかという問題である。Put Option / Call Option は基本的に当事者間の株式譲渡で、合

弁会社をどちらかの当事者の100％子会社とするスキームである。したがって、マジョリティ側は何かがあれば買い取る側でCall Optionを持とうとし、マイノリティ側は何かあったときには売却できるようPut Optionを持とうとするのが基本的な考え方である。Put OptionまたはCall Optionは、どちらか一方だけを定めることももちろん可能である。しかし、マジョリティ側がCallを要求すると、相手方はPutも必要だと主張し、逆にマイノリティ側が最初にPutを主張すると、相手方はCallも必要と主張することが予想され、結局はPut Option / Call Optionの両方を定めることになる場合が多い。

　次のポイントは、その権利（Put OptionまたはCall Option）をいつ行使できるのかという問題である。せっかく共同で合弁事業を開始するのであるから、翌日からPut OptionまたはCall Optionが行使できてしまうとするのは一般的ではない。例えば3年後、5年後等一定の見直しのタイミングで行使できるという条件や、3年や5年等の一定期間後はいつでも行使できるという条件等が考えられる。このように合弁解消ができない一定期間の定めは「ロックアップ期間」等と呼ばれる。より一般的には、新規上場しようとする企業の大株主たちに対し、上場後一定期間（通常は半年）において持ち株の売却を制限することをロックアップと呼ぶようであるが、ロックアップ期間は、同様に株式譲渡を禁止する意味で、合弁契約書上よく使われる用語である。

　それ以外には、契約上定めた重要事項についての合弁当事者の意見の相違や、上述した共同意思決定における「デッドロック」発生時（あるいはデッドロックが連続して発生した場合）等に権利行使できるとする場合もある。他にも、例えば2年連続の赤字等経営悪化時に権利行使できるとする例もある。このようにPut Option / Call Optionが行使できるトリガーとなる事由を、合弁契約書では「トリガー事由」と呼ぶことが多い。

　最後のポイントは、Put Option / Call Optionの権利行使時の譲渡価格をどう設定するかという問題である。最も簡単なのは、合弁契約書締結時に、あらかじめ価格を定めておくという方法である。しかし、この方法では、合弁事業開始後に会社が大きく成長しても、あるいはうまくいかなくても、価

格が固定されており、権利行使時の会社の価値を反映しないという難点がある。次に考えられるのは、権利行使時の合弁会社の純資産価値や利益を基準に価格の計算方法を定めておくというものである。例えば、合弁会社の価値を「純資産価値の○倍」や、「EBITDA（Earnings Before Interest, Taxes, Depreciation, and Amortization、利払い前・税引き前・償却前の利益）の△倍」等と定めておき、それで価格を計算するというものである。また、譲渡時の公正市場価格（FMV：Fair Market Value）とし、譲渡時点で第三者（会計事務所等）に評価させるという方法も考えられる。

　最後の公正市場価格算定の場合は、どちらの当事者も、自社の選んだ第三者に評価させたいとし、結局2種類の評価が出てしまい、価格が定まらないといった事態も考えられる。そこで公正価格を合理的に算出する工夫として「ベースボール・アービトレーション」と呼ばれる方法があるので、その仕組みを簡単に紹介しておこう。

　①両社（または各社の代理人）が公正と思われる価格を算定して提示。その結果が近い（例えば乖離幅が20％以内）場合は、その中間値を公正価格とする。②両社提示価格に乖離があるときは、両社にとって中立の第三者に評価させる。③各社提示価格のうち、第三者評価と近い方（または近い方と第三者評価の中間値）を公正価格と認定する。

　この方法のミソは、中立の第三者評価と近い価格を提示した方が自社にとって有利な結果になるという点にあり、初めから自社に都合のよい価格を「吹っかける」よりも、当初から公正と思われる価格を提示するインセンティブが働くという点にある。

　すべての合弁契約にこのような複雑な規定を入れる必要はないが、Put Option / Call Optionの行使価格が高額になる重要案件では、このようなことも検討の価値がある。

② First Refusal Right（[図表78]）

　合弁解消の他の方法として、条件つきで合弁会社株式の第三者への譲渡の可能性を定めるのがFirst Refusal Rightである。

First Refusal Rightは、「先買権」や「優先交渉権」等と訳されているが、どちらもあまりしっくりこないので、ここではFirst Refusal Rightのまま用いることとする。

図表78 First Refusal Right

First Refusal Right の性質

1. 合弁解消（合弁からの離脱）の1つの方法は第三者への株式譲渡だが、合弁相手が勝手に他社に株を売るのは困るので、通常は第三者への株式の譲渡禁止を定める
2. 原則譲渡禁止とした上で離脱の可能性を認める方法として、First Refusal Right がある

First Refusal Right の構成

1. 第三者に株を売ろうとする場合は、その譲渡先と譲渡条件の情報を合弁相手方に通知する
2. 相手方当事者は、希望すればその条件で買い取ることができる
3. 相手方当事者が買い取らない場合、売りたい当事者は通知した条件で当該第三者に譲渡できる

マイノリティ側にとっての問題点

▷経営をコントロールできないマイノリティ側としては、マジョリティ側が第三者に売ってしまって合弁相手が変わってしまうのは、大きな問題となる場合あり

▷それを阻止するためには First Refusal Right を行使するしかないということになる

▷その問題を緩和するために、どちらかが第三者に譲渡するときは、相手方が自己の株式もともに売るよう要求する権利、Tag Along Right（相乗り売却権）を定める場合がある

合弁解消（合弁からの離脱）の1つの方法は、合弁会社株式を第三者へ譲渡することだが、合弁契約各当事者にとって、合弁相手が勝手に他社に株を売るのは困るので、通常は第三者への株式の譲渡禁止を定める。合弁会社株式は原則譲渡禁止とした上で、合弁会社からの離脱の可能性を認める方法として、First Refusal Rightがある。

First Refusal Rightは、一般的に次のような構成となっている。

- 合弁契約の当事者が、第三者に合弁会社株式を譲渡しようとする場合は、第三者への譲渡前に、その譲渡先と譲渡条件の情報を合弁相手方に通知する。
- 通知を受けた相手方当事者は、一定期間中に買取りの意思表示をすれば自らが第三者への予定条件と同じ条件で買い取ることができる。
- 相手方当事者が買取りを希望しない場合、売りたい当事者は通知した条件で当該第三者に譲渡できる。
- Put Option / Call Optionと同様、First Refusal Rightに基づく株式譲渡も一定のロックアップ期間経過後に行使できると定めることが多い。

　このFirst Refusal Rightは、どちらかと言えば経営権を握っているマジョリティ側は行使しやすいが、マイノリティ側は行使しにくい（買い手を見つけにくい）という立場にある。また、経営をコントロールできないマイノリティ側としては、マジョリティ側が第三者に売ってしまって合弁相手が変わってしまうのは、大きな問題となる場合が想定される。それを阻止するためにはマジョリティ側が第三者に譲渡しようとする場合は、First Refusal Rightを行使して買い取るしかないということになる。このマイノリティ側の不利な状況を緩和するために、「Tag Along Right」（相乗り売却権・売却参加権）と言われる条件を追加で定める場合がある。このTag Along Rightとは、例えば合弁会社の株主にA社とB社がいて、A社が第三者に合弁会社株式を譲渡しようとする場合、B社はFirst Refusal Rightの行使に代えて、B社が保有する合弁会社の株式もともに第三者に売ることをA社に要求できると定めるものである。

③ 解散
　合弁事業解消の最後の方法は、合弁会社自体の解散である。会社の解散は、（日本の場合）株主総会の特別決議事項なので、合弁契約の一当事者が2／3以上の株式を保有していない限り、単独で決議することはできない。また、一当事者が2／3以上の株式を保有していたとしても、会社の解散のような重大事項は、両者の事前合意事項と定められることが多い。したがって、多

くの場合は、合弁契約の両当事者の合意がなければ、会社を解散することができない。

　合弁会社の経営が行き詰まり、会社を解散すべきであるのに、契約相手方の反対で解散できないということを避けるためには、解散すべき「経営の行き詰まり」を合弁契約の中で定めておくことが考えられる。あらかじめ定める条件としては、例えば「3期連続赤字」「債務超過」等の事態が考えられる。この場合も、自動的に解散とするのではなく、どちらかの会社がPut Optionを行使して、100％子会社として会社の再生を図る可能性は残しておくべきであろう。

　最後の合弁の解消に関する解説が長くなってしまったが、ここは非常に重要なポイントであり、内容的にも複雑なため、あえて詳述した。

　合弁事業は、単独では難しい事業を行う際の有力な選択肢である。しかし、利害の不一致や思惑の相違を生みやすく、「永遠の合弁」は通常考えにくい。同様に「完全に対等の合弁」は難しいというのも述べてきた通りである。したがって、法務担当者としては、自社がマジョリティなのかマイノリティなのか、合弁を解消する場合には自社はどう動く可能性が高いのか、ということをよく理解した上で合弁契約書の作成にあたるべきである。

第5章 労務案件

　近年、法務部門が関与すべき労務案件が増加している。本章では、法務部門が関与することの多い労務案件として、社員や元社員個人と会社との紛争案件を中心に、法務担当者が把握しておくべき労務案件の各類型、それらへの対応形態に関する実務上の留意点を学んでいく。

1 | 労務案件への法務部門の関わり

　21世紀に入り、日本企業でも会社と社員・元社員との紛争案件（以下「労務案件」という）が増加している。その背景としては、終身雇用・年功序列等の崩壊による会社への帰属意識・忠誠心の希薄化、インターネット等の普及による労働者の人事労務知識と権利意識の高まり、ユニオン（一人でも入れる労働組合）や労働者側に立つ専門家の台頭等が挙げられる。

　労務案件についての人事部門と法務部門の役割分担は会社によって異なるが、一般の訴訟や紛争案件の1つの類型として、法務部門が関与すべき案件は増加している。

2 | 主な労務案件の類型

　[図表79] は、多くの会社に共通する主な労務案件の類型をまとめたものである。

図表79 主な労務案件の類型	
(1) 賃金 (残業代) の請求	▷サービス残業 ▷名ばかり管理職 ▷裁量労働制
(2) 会社への損害賠償請求 (事業主の責任追及)	▷過労死 ▷過労による精神疾患・自殺 ▷セクハラ ▷パワハラ
(3) 問題社員への対処 (社員不祥事対応)	▷懲戒処分 ▷社員への損害賠償請求 ▷刑事告訴
(4) 解雇・退職にともなう紛争	▷解雇事由の正当性 ▷国による解雇法制の違い

(1) 賃金 (残業代) の請求

　1つ目の類型は、社員・元社員が会社に対して未払いの賃金の支払を求めるものである。これは、未払いの残業代の支払請求という形態をとることが多い。未払い残業代請求にも、実際に働いた時間より少ない残業代しか払われていない (あるいはまったく支払われていない) という、いわゆる「サービス残業問題」や、「管理監督者」であるとして残業代の支払対象でなかった社員・元社員が管理監督者該当性を争う、いわゆる「名ばかり管理職問題」等の形態がある。他にも、事業所外労働のみなし労働時間制や、裁量労働制で未払いの残業代があったというケースも考えられる。

(2) 会社への損害賠償請求 (事業主の責任追及)

　次の類型は社員・元社員から会社への損害賠償や慰謝料の請求である。例えば、長時間残業が多かった社員が急逝した際に、その遺族が労災申請をし、会社に対しても損害賠償請求をするというケースがこれにあたる。また、類似の類型として、過労によるうつ病等の精神疾患が疑われる場合、さらにその結果の自殺だと遺族が考える場合等もあり得る。その他、セクハラ・パワハラの被害に遭った社員が、慰謝料等の支払を加害者と会社に求める例もある。

（3）問題社員への対処（社員不祥事対応）

これは、逆に会社側から、法律違反・就業規則違反等の問題行為や不祥事を起こした社員に対処するという類型である。多くの場合、事実調査を経て何らかの懲戒という社内処分を下すことになる。それに加えて、問題行為の内容や重大性によっては、社員への損害賠償請求や刑事告訴もあわせて考えることになる。

（4）解雇・退職にともなう紛争

最後は、解雇した社員あるいは退職した社員から、「解雇が不当である」あるいは「退職は強要されたものであり無効である」との主張を受ける類型である。日本においては、会社事由の一方的解雇は原則として認められておらず、懲戒事由として「解雇が妥当か」「普通解雇の要件を満たすか」「整理解雇の要件を満たすか」といったあたりが論点となる。解雇ではないが、有期契約社員の契約非更新（いわゆる雇い止め）の正当性を争う案件もあり得る。また、解雇に関連する規制については、国により大きく異なる点にも注意が必要である。

3 ｜ 労務案件の対応形態

労務案件の実際の対応にあたっては、その交渉・調査・紛争処理にさまざまな形態が考えられる。以下、残業代請求案件を例にとって、交渉・調査・紛争処理の形態について概説しておく（[図表80] 参照）。

図表80　労務案件の交渉・調査・紛争処理形態

	残業代請求の例
(1)　弁護士間の交渉	▷社員が弁護士に相談 ▷受任した弁護士が会社に請求 ▷会社も弁護士を立てて弁護士間で交渉
(2)　外部ユニオン（合同労組） 　　との交渉	▷社員がユニオン（合同労組）に加入 ▷ユニオンが会社に団体交渉を要求 ▷退職後の社員は？
(3)　労働審判	▷労働関係に関するトラブルを解決する手続 ▷裁判官＋2人の労働審判員 ▷3回以内の審理で調停または労働審判
(4)　民事訴訟	▷通常の民事訴訟手続 ▷未払いの残業代＋遅延損害金等の請求
(5)　労基署による調査	▷社員が労基署に通報 ▷通報情報をもとに労基署が調査

(1) 弁護士間の交渉

　弁護士間の交渉は、例えば、退職した元社員が未払いの残業代があったとして、弁護士に相談し、元社員から受任した弁護士が会社宛に支払請求する書面を送付するような場合が想定される。このような書面を受領した会社が、まったく拒否するのではなく何らかの交渉をすべきであると考えれば、会社側も労務問題に強い弁護士に相談し、まずは弁護士間で交渉することが考えられる。

　交渉の結果、例えば一定額の未払い残業代があったことを会社が認めて支払うことに合意すれば、元社員（代理人）と会社（代理人）の間で合意書を締結する。合意書には、合意した金額の支払、支払期限、当該支払以外に何らの債権債務もないことの確認、合意書内容の守秘義務等が規定される。

　このように、元社員がすでに弁護士に委任している状態で交渉が決裂した場合は、当該弁護士が、その請求案件について、労働審判の申立てや民事訴訟の提起を行う可能性が高い。なお、最近では、会社に対する残業代請求を主要サービスとしてホームページ等に大きく掲載する弁護士も増えており、残業代請求をはじめとする労務案件での弁護士間交渉の機会は、今後さらに

増えることが予想される。

(2) 外部ユニオン（合同労組）との交渉

　会社との交渉を求める社員のもう1つの相談先が、外部の合同労組（以下、一般に用いられている用語である「ユニオン」という）である。ユニオンは、従業員が所属している企業を問わず、個人単位で加盟できる労働組合であり、企業別の労働組合とは異なり、複数の企業や異業種企業の労働者が構成メンバーとなっている。

　未払い残業代の請求をしたい社員がユニオンに加入し、ユニオンが労働組合法に基づいて会社に団体交渉を求めるという流れで交渉が始まる。

　弁護士間交渉や労働審判、民事訴訟と異なり、団体交渉は雇用関係が前提なので、すでに退職した社員には原則として団体交渉を要求する権利はない。ただし、解雇そのものの有効性を争っているような場合は、解雇された社員側は、「解雇は無効であり雇用関係がある」ことを前提としているので、団体交渉に応じなければならない。

　ユニオンとの交渉は、労務案件特有のものなので、詳細は後述する。

(3) 労働審判

　交渉での合意が成立しない場合等、労務案件の法的な紛争処理の枠組みとしては、労働審判という形態がある。労働審判は、労働関係に関するトラブルを解決することに特化した手続である。

　残業代請求を求める（元）社員側の弁護士が、裁判所に申立てを提起すれば、労働審判は開始される。申し立てられた案件は、労働審判官（裁判官）と2人の労働審判員から成る労働審判委員会で審理され、原則として3回以内の期日で決着させるのが特色である。比較的短期間で解決することから、残業代請求案件等は、民事訴訟よりもまず労働審判が使われることが多いようである。

　労働審判についても、詳細は後述する。

（4）民事訴訟

　労働関係に関するトラブルであっても、通常の民事訴訟の提起は当然可能である。民事訴訟としては、未払い賃金（残業代）に加えて遅延損害金の支払を請求するという事案になる。

　民事訴訟では、労働審判と比較すると時間がかかり、判決までには6ヵ月〜1年程度かかることが多い。会社側が敗訴すると、その間の遅延損害金の支払も命じられる点には注意が必要である。

（5）労基署による調査

　（元）社員にとって、労働関係に関するトラブルの相談先としては、労働基準監督署（労基署）も考えられる。

　残業代請求の案件で言えば、（元）社員が、労基署に会社が残業代を法律に従って支払っていないことを申告し、その情報をもとに労基署が人事の責任者を呼び出す等して調査するというものである。労基署は、特定の社員の利益のために調査するのではないが、社員がさまざまな証拠を示し、会社が労働基準法に違反している可能性が高いと判断すれば、調査に入ることがある。そして、調査の結果問題ありと判断をすれば、会社に是正勧告等を行う。

　これまで見てきたように、労務案件はその類型も紛争処理手段も多岐にわたり、本書でそのすべてを網羅することはできない。以下本章では、労務案件各論として、残業代請求案件と労働時間の算定、労働審判の実務、ユニオンとの交渉の実務、問題社員への対応、解雇を巡る法律問題、そして米国での労務問題を取り上げる。

4 ｜ 残業代請求案件と労働時間の算定

　日本企業の労務問題で件数も多く、増加傾向にあるものとして、社員・元社員からの残業代請求案件がある。［図表81］は、残業代請求案件の構図を示している。

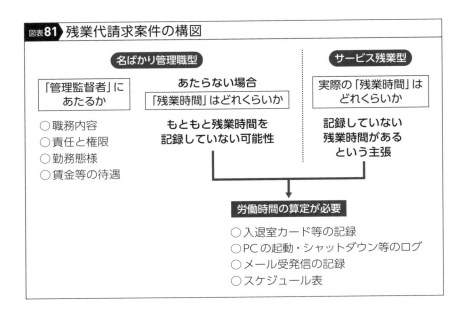

図表81 残業代請求案件の構図

名ばかり管理職型

サービス残業型

「管理監督者」に
あたるか

あたらない場合
「残業時間」はどれくらいか

実際の「残業時間」は
どれくらいか

○ 職務内容
○ 責任と権限
○ 勤務態様
○ 賃金等の待遇

もともと残業時間を
記録していない可能性

記録していない
残業時間がある
という主張

労働時間の算定が必要

○ 入退室カード等の記録
○ PCの起動・シャットダウン等のログ
○ メール受発信の記録
○ スケジュール表

　残業代請求案件には、管理職として残業代の支払対象でなかった人が、「自分は管理監督者ではなかった」として残業代支払を求める、いわゆる「名ばかり管理職型」と、管理職以外の社員が「自分は残業をしていた（あるいは残業代を支払われた時間よりずっと長く残業をしていた）のに残業代が支払われていない」として支払を求める、いわゆる「サービス残業型」に分かれる。

　「名ばかり管理職型」の例として、小売業や飲食業における「店長」が管理監督者にはあたらないとされた事案がいくつもあり、その一部はマスコミで大きく取り上げられた。

　「名ばかり管理職型」の論点は大きく分けると、①「管理監督者」にあたるのか、あたらない場合には、②残業時間はどれくらいかという2点である。

　「管理監督者」は、労働条件の決定その他労務管理について経営者と一体的な立場にある人を指し、労働基準法で決められた労働時間、休憩、休日の制限を受けない。「管理監督者」に当てはまるかどうかは、役職名ではなく、その職務内容、責任と権限、勤務態様、賃金等の待遇の実態によって判断される。これらの4点を、厚生労働省等は次のように定義している。

・労働時間、休憩、休日等に関する規制の枠を超えて活動せざるを得ない重要な職務内容を有していること
・労働時間、休憩、休日等に関する規制の枠を超えて活動せざるを得ない重要な責任と権限を有していること
・現実の勤務態様も、労働時間等の規制になじまないようなものであること
・賃金等について、その地位にふさわしい待遇がなされていること

　これらを要約すると、管理監督者とは「部長や工場長等労働条件の決定やその他の労務管理について経営者と一体的な立場にある者」と言える。自由裁量の余地は相当大きくなければならず、飲食店チェーンの「店長」のケースでは、訴訟で相次いで管理監督者性が否定されている。
　「名ばかり管理職型」案件で管理監督者性が否定された場合、および「サービス残業型」案件の場合は、実際の残業時間がどれくらいだったのかが、次の大きな論点となる。
　しかし、このような案件で、正確な残業時間を知ることは決して簡単ではない。そもそも過去のことである上に、「名ばかり管理職型」では、もともと残業代支給対象でないため、残業時間を記録していないことも少なくない。また、「サービス残業型」は、そもそも残業はなかったと記録していたか、記録された残業時間より多く残業をしていたことから、記録していない残業時間があるという主張がなされる。
　そこで、会社の人事記録として持っている残業時間以外のものから労働時間を算定することが必要となる。実際の算定手段としては、次のものが考えられる。

① 入退室カード等の記録
　オフィスに入退室する際に、ICカード等をかざして扉を開ける会社が多い。この入退室カードに個人認証と入退室時間が記録されていれば、1日の最初の入室時間と最後の退室時間から「オフィスにいた時間」（必ずしも労働時間とは一致しないが）は算定できる。ただし、他人が扉を開けたときに

一緒に入退室すると記録が残らない等の問題もあり、これだけでは完全な記録とはならない。また、入退室カードはセキュリティ目的のみで、そもそも個人の入退室時間の記録は残らないというシステムも少なくない。

② パソコンの起動・シャットダウン等のログ

次に考えられるのが、パソコンの記録を解析することである。パソコンの起動時間、シャットダウンの時間のログが残っていれば、「パソコンをつけていた時間」から労働時間を推定できる。この解析にはIT部門の専門家の協力が不可欠であり、また、解析ができても、例えばパソコンをつけたまま帰宅してしまった場合等には想定外の記録が出てしまうこともある。

③ メール受発信の記録

業務用のメールアドレスからのメールの受発信の記録も、ある程度の期間は残っている場合が多い。これも一日の最初のメール受発信時間と最後の受発信時間から、ある程度労働時間を推定できる。ただ、ノートパソコンを持ち歩いていて、自宅や出張先でもメールの受発信をするようなケースでは、どこまでを「働いていた」とみなすのか難しい場面も出てくる。

④ スケジュール表

スケジュール管理を社内のシステム上で行っている会社であれば、そのシステム上に残っているスケジュール表も参考資料となり得る。例えば早朝や深夜に会議の記録があれば、その時間は働いていたという推測が働く。

これらの労働時間の記録は、(元) 社員側の弁護士から直接、あるいは労働審判や訴訟の場で要求されることも考えられる。そのような場合にどこまで開示が必要かについては、個別の判断が必要だが、残業代請求の労務案件が発生した場合、上記のような方法で、まずは会社として労働時間がどれくらいだったかを算定あるいは推定しておくべきであろう。

また労務案件では、(元) 社員側が、自分のスマホや手帳の記録等をもとに、

会社としては想定していなかった時間も労働時間だと主張する場合があり得る。それらの主張の妥当性を評価し、必要により反論するためにも、会社としての労働時間の検証は必要である。

　また、ここでは詳述しないが、長時間労働の社員がメンタルヘルスを損なった場合や、急死をして過労死が疑われる場合等の労災関連案件においても、長時間労働がどの程度だったかという観点で、労働時間の検証がより重要となる。

5 ｜ 労働審判

　次に、労務案件の紛争解決手段の1つである労働審判について述べる。労働審判は、労働関係に関するトラブルを解決することに特化した手続であり、その流れは［図表82］のようになっている。

　会社と（元）社員の間に、解雇・給与（残業代を含む）支払等のトラブルが発生した場合に、通常は（元）社員側が申立人となり、地方裁判所に労働審判の申立てを行う。申立てが行われると、地方裁判所内に設置される労働審判委員会での審理が行われる。労働審判委員会は、裁判官である労働審判官と、2人の労働審判員から成る。労働審判員は、労働トラブルを扱ったことのある経験と労働問題に関する知識を持っている人たちの中から、裁判所によって選出される。1名は連合（日本労働組合総連合会）等から推薦された労働者側として、もう1名は経団連（日本経済団体連合会）等から推薦された会社側として選ばれる（ただし、手続への実際の関与はあくまでも中立、公平な立場で関わることになっている）。

　労働審判委員会では、原則として3回以内の期日で双方の主張を聴き、争点を整理する。短期決戦なので、第1回の審理の前に双方が事実関係や主張を整理しておく必要がある。特に会社側は、申し立てられてから短時間でその準備をしなければならない。なお、裁判と異なり審理は非公開で行われる。

　労働審判委員会の審理の中で、話し合いでの調停（和解）が試みられる。実務では、例えば労働審判官が申立人と被申立人を個別に呼び出して和解を

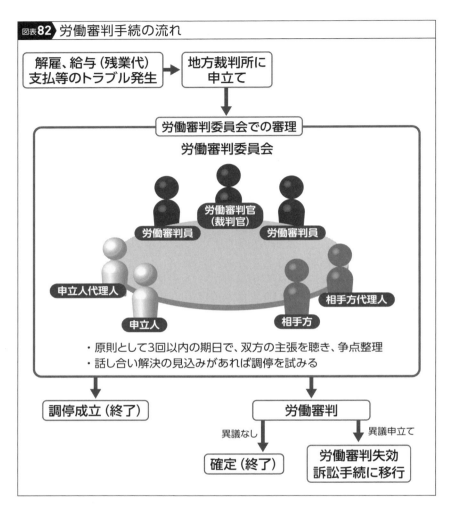

図表82 労働審判手続の流れ

解雇、給与（残業代）支払等のトラブル発生 → 地方裁判所に申立て

労働審判委員会での審理

労働審判委員会

労働審判官（裁判官）

労働審判員

労働審判員

申立人代理人

申立人

相手方

相手方代理人

・原則として3回以内の期日で、双方の主張を聴き、争点整理
・話し合い解決の見込みがあれば調停を試みる

調停成立（終了）

労働審判

異議なし

確定（終了）

異議申立て

労働審判失効
訴訟手続に移行

打診する等、できるだけ調停で決着させるような動きがなされる。

　その結果、調停が成立すれば手続は終了する。調停が成立しなければ、労働審判委員会より解決案というべき労働審判が出される。申立人・被申立人ともに異議がなければ労働審判は確定し、案件は終了となる。どちらかが異議を申し立てれば労働審判は失効する。その場合は、申立人が今度は民事訴訟を提起し、訴訟手続に移行することになる。

　労働審判は、審理が3回までという短期決戦であること、そして調停による決着が促されることから、会社側としては、和解に応じるか、どのような条件であれば和解に応じられるかをあらかじめ考えておく必要がある。第1回の審理までに、「ある程度譲歩しても和解決着を試みるか」については、会社でもある程度コンセンサスをとっておき、第2回の審理では、和解条件について「どこまでなら譲歩する」という線を持っていくのがよいだろう。なお、正式な会社の承認手続が必要な場合は、第2回で受け入れられそうな条件を持ち帰り、第3回までに承認を得るということでもよい。

6 ｜ ユニオンとの交渉

　もう1つ、労務問題特有の紛争解決手段がユニオンとの交渉である。上述の通り、会社に対して何らかの請求・交渉をしたい社員がユニオンと呼ばれる合同労組に加入し、ユニオンが労働組合法に基づいて会社に団体交渉を求めるという流れで交渉が始まる。ユニオンとの交渉の構図は ［図表83］ の通りである。

　ユニオンは、労働者個人と会社との間に生じた労働トラブル（解雇・サービス残業・長時間労働等）に関する相談・支援を組合活動の重点としている。ユニオンが労働者から相談を受け、支援することを決めた場合は、その労働者（社員）が属する会社宛に、組合への加入通知と団体交渉要求が送られる。団体交渉要求には、日時と場所が指定されることが多いが、必ずしもその日時・場所に合わせる必要はなく、会社側の代表者や弁護士等の都合で対案を出すことは構わない。ただし、正当な理由なく団体交渉を拒否すると、不当労働行為にあたる可能性があるので注意が必要である。

　ユニオンには上部団体があり、日本労働組合総連合会（連合系）、全国労働組合総連合（全労連）、全国労働組合連絡協議会（全労協）の3つに分類される。ユニオンのスタンスは上部団体の方針やそのユニオン自体の姿勢によっても異なる。ユニオンから交渉を求められた場合は、当該ユニオンおよび上部団体の活動等を、ユニオンのホームページ等で確認する、労働問題に

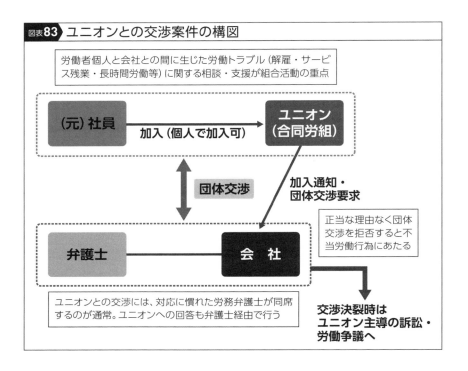

図表83 ユニオンとの交渉案件の構図

労働者個人と会社との間に生じた労働トラブル（解雇・サービス残業・長時間労働等）に関する相談・支援が組合活動の重点

（元）社員 → 加入（個人で加入可） → ユニオン（合同労組）

団体交渉

加入通知・団体交渉要求

弁護士 — 会社

正当な理由なく団体交渉を拒否すると不当労働行為にあたる

ユニオンとの交渉には、対応に慣れた労務弁護士が同席するのが通常。ユニオンへの回答も弁護士経由で行う

交渉決裂時はユニオン主導の訴訟・労働争議へ

詳しい弁護士に相談する等して調べ、どの程度会社に対して対立的な組合なのかを見極めておくのが望ましい。筆者も、とあるユニオンとの交渉で、冒頭でユニオン側がさまざまな闘争・争議の実績を示す資料を提示し、「我々の言うことを聞かないと怖いぞ」という示威を見せられたことがある。一方では、やや不合理な主張をしていた社員との交渉では、ユニオンが会社の言い分を理解して、本人に説明してくれて収まったという事例もある。

ユニオンとの交渉での会社側の代表は、人事部門の責任者（あるいは労務対応の責任者）があたることが多いが、紛争の内容によっては法務部門も同席することが考えられる。また、ユニオンとの交渉に労務問題に詳しい弁護士が同席することも多く、会社にとって重要な案件であれば、外部弁護士の同席も求めておくのがよいだろう。その場合は、ユニオンからの交渉要求に対して弁護士から回答してもらうことも考えられる。

　ユニオンからの交渉要求には、交渉場所として組合事務所が指定されることが通常である。しかし、ユニオン側からどのような人が交渉に出るかわからないこと、会社に対して敵対的なユニオンが存在することを考えると、組合事務所での交渉は原則として避けるべきである。組合事務所での交渉は「アウェイ」での戦いとなり、事務所内でいわゆる「缶詰」状態にされ、なかなか解放してもらえないリスクもある。一方で、会社の会議室等で交渉すると、逆にいつまでも帰らなかったり、会社の前でビラまきが行われたりするおそれがある。そこで、ユニオンとの交渉においては、公民館・商工会議所等の公的機関や貸会議室等で部屋を借り、中立な場所で行うのがよいと言われている。会議室を借りる場合は、時間を区切って借りることにより、終わりの時間をあらかじめ切れるという利点もある。

　ユニオンとの交渉において、必ずしもユニオンに譲歩する必要はなく、合意に達する必要もない。会社は、団体交渉義務はあるものの、交渉の結果合意する義務まで負っているわけではない。ただし、交渉決裂時はユニオンの支援のもとで訴訟が行われる可能性がある他、会社周辺でのビラまき等の行動に出る可能性がある点は、念頭に置いておくべきである。

7 ｜ 社員の不祥事・問題行動への対応

　ここまでは、社員や元社員から会社に対する要求や法的アクションという面で労務問題を見てきたが、逆に社員が不祥事や問題行為を起こし、会社が対応を行うという形の労務問題も発生する。そのような場合でも、何らかの法的評価をしなければならないことが多く、問題の内容によっては、法務部門も深く関与せざるを得ない。

(1) 不祥事・問題行為の類型

　[図表84] は、多くの会社で発生し得る不祥事・問題行為を示している。

図表84　不祥事・問題行為の類型

①	会社の地位を利用した不正・問題行為	▷取引先との癒着(リベート等金品受領、過剰接待) ▷使い込み・横領 ▷不適切な経費使用 ▷セクハラ・パワハラ ▷第三者への情報漏えい
②	業務における違法行為	▷公務員への贈賄 ▷入札談合 ▷価格カルテル等の独禁法違反
③	社外での問題行為	▷けんか・暴行 ▷交通事故・飲酒運転

　1つ目の類型は、会社の地位を利用した不正や問題行為である。典型的には、取引先・仕入先との癒着が挙げられる。発注・取引継続の権限を背景に、取引先からリベート・キックバック等と呼ばれる金品を受領したり、過剰な接待を受けたりするケースである。また、会社の金を使った不正もある。昔からある使い込みや横領、あるいはそこまでいかなくても接待と称して個人的な遊興費に会社経費を使うといった、不適切な経費使用等がこれにあたる。また、セクハラ・パワハラ、第三者に対する情報漏えい等も問題となりやすい。これらは、社員が会社の地位を利用して、会社の利益に反する行為をしているもので、後述する懲戒処分の対象となることが多い。

　2つ目の類型は、業務遂行上の違法行為である。例えば、政府からの受注を得るために、公務員・外国公務員に金品を贈る贈賄、入札談合・価格カルテル等の独禁法違反がこれにあたる。この類型の場合は、一社員の不祥事にとどまらず、会社自体の違法行為として対応する必要がある。

　3つ目の類型は、社員の社外での問題行為である。例えば、酔ってけんかをして相手にけがをさせてしまった等という暴力行為、交通事故・飲酒運転等がこの類型にあたる。この類型は基本的には個人の問題であるが、逮捕されたり、新聞等に掲載されたりするような問題に発展した場合、会社としての対応や処分を考えることになる。

（2）不祥事対応の全体像

　［図表85］は、不祥事の発覚から調査、会社としての対応までの不祥事対応の全体像を示している。

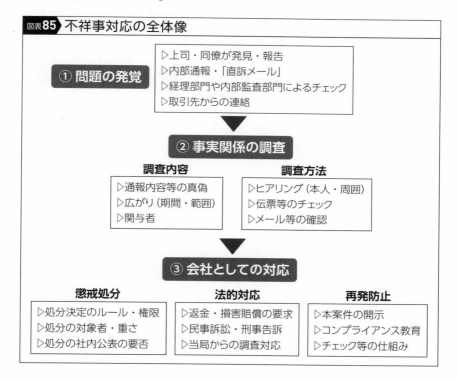

図表85　不祥事対応の全体像

① 問題の発覚

　まずは対応の端緒となる問題の発覚である。日常の業務の中で上司や同僚が発見した場合には、発見した人が経営陣や人事部門・法務部門に相談し、会社としての対応が始まる。昨今では社内外に何らかの内部通報制度を設置している会社が多いが、その制度を利用した通報や、中には経営陣や人事部門への「直訴メール」ということもあるだろう。また、経理部門による経費精算のチェックや内部監査の過程で不正が発見されることもある。これらの他にも、取引先への不適切な要求等があれば、取引先から連絡を受けること

も考えられる。

② 事実関係の調査

　問題が発覚した場合、速やかに事実関係を調査する必要がある。内部通報や直訴メールの場合等は、そもそもその通報内容が本当かというところから調査が始まる。そして、例えば不正経理のような問題であれば、発見された事実以外の不正がないか、いつから不正を行っていたか等、問題の広がりを調査することになる。また、問題行為に関与していた人が他にいないか、あるいは被害者と言える人は誰か等、問題の関与者についても調査が必要である。

　調査の方法は、関係者等のヒアリングと、伝票・メール等の書類・証拠の確認が中心となる。ヒアリングの実施者は問題の性質や会社の特性によっても異なると思われるが、直属の上司（あるいは2階層くらい上の上司）、人事部門・法務部門等が考えられる。質問をする人とメモをとる人が必要なので、複数でヒアリングを行うべきである。直属の上司がヒアリングをし、法務部門からも同席して主にメモをとって報告書をまとめる、といった役割分担も考えられる。ヒアリングは、問題行為を起こした本人およびその周囲の人に行う。

　この場合に注意しなければならないのが、通報者の保護である。特に上司の不正行為をその部下が内部通報したような場合では、誰が通報したかわからないように細心の注意が必要である。場合によっては、内部監査部門が監査の一環としてヒアリングするという形をとる、まったく関係のない部門も含めて同様のヒアリングを行う等の配慮が求められる。

③ 会社としての対応

　調査によって事実関係が明らかになったら、会社としての対応をとらなければならない。

　対応の1つ目は、問題を起こした本人への処分である。懲戒処分にあたっては、多くの会社で、人事部門の権限、懲罰委員会の開催等、社内のルール

や決裁権限を予め定めているはずである。それらに沿って、実際の案件における処分の対象者や重さを決めることになる。懲戒処分の決定については、次の項目で詳述する。さらに、処分の事実を社内に公開するか、公開するとしたらどこまでの情報を公開するかといったことも予め定めておくべきである。

　対応の2つ目は、発生した問題行為に関する法的対応である。会社の経費の不正使用のような場合では、その返金・損害賠償等を求めることが考えられる。それに応じないまま本人が退職するようなケースでは、本人に対して損害賠償等の民事訴訟を提起することも考えられる。また、事案によっては、警察に通報し刑事告訴をすべきかといった点についても検討しなければならない。また、贈賄や独禁法違反等、会社としての違法行為が明らかになった場合、会社として自ら申告するか否かといった判断に加えて、当局からの調査への対応が必要になる場合がある。さらに、ハラスメント等の場合で、加害者・被害者が同じ部門で上司・部下の関係を続けるのが望ましくない場合には、人事異動も合わせて検討する必要がある。

　必要な対応の3つ目は、再発防止である。案件にもよるが、発生した事案と会社としての厳正な対応を社内で周知し、発生の抑止につなげることが考えられる。また、コンプライアンス教育の項目に発生事案に近い内容を追加したり、発生事案に合わせて、例えば独禁法違反であれば独禁法研修を新たに実施したりする等、教育啓発も必要となるだろう。最後に、予防やチェック等の仕組み作りの検討もすべきであろう。例えば、取引先との癒着問題であれば、発注権限のある部署の担当者を定期的に交代する、不適切な経費使用であれば、経費支出の認可プロセスを見直すといったことが考えられる。

　このように、社員の不祥事・問題行為の案件にあたっては、会社としての対応を検討し、実行するところで、法務部門の積極的な関与が必要になるのである。

（3）懲戒処分

　懲戒処分の決定にあたっては、調査した事実関係をもとに、就業規則上、

どのような違反行為と罰則にあたるのかを検討する。罰則には通常、軽い方から「訓戒」「減給」「出勤停止」「降格」「諭旨退職（諭旨解雇）」「懲戒解雇」等がある。厳しい処分をする場合、法務部門としては、その処分を受けた社員が処分を不服として会社を訴えた場合に会社として勝てるか、という観点から法的整合性を確認する。一般的に、降格以上の重い処分を決定した場合に、それを不服とする社員との紛争リスクが高くなる（社員の解雇を巡る紛争・法律問題については、本章の中で後述する）。

処分の重さの決定にあたっては、社内の過去事例や社会的なレベル感との整合性を見極める必要がある。過去の懲戒事例との整合性を確認するためには、人事または法務部門において、過去の事例データを蓄積して、照合できるようにしておく必要がある。また、社会的レベル感との整合の面では、人事院が国家公務員に対する懲戒処分の指針を公表しているので、それを参考にすることもある。また、人事院指針を参考にしながら、社内の懲戒ガイドラインのようなものを作っておくことも考えられる。さらに、降格以上の重い処分を下す場合には、将来の紛争リスクに備える意味でも、外部の弁護士の見解を確認することが望ましい。

また、懲戒処分の対象者が引き続き会社で働き続ける場合は、起こした問題を真摯に反省させ、改善策を考えさせる必要がある。その観点から、処分の通知と同時に始末書や反省文の提出を命じることも多い。

8 | 解雇・退職にともなう紛争

労務案件の中でも重大なものとして、解雇した社員が解雇を不服として会社を訴える等の解雇・退職にともなう紛争がある。

まず、どのような場合に会社側からの解雇が認められるかについて見ておこう。日本法では、正当な理由がない限り解雇は認められず、解雇の種類としては、[図表86]に示す3類型がある。

図表86	日本法における解雇の種類	
①	**整理解雇**	▷会社の経営悪化により、人員整理を行うための解雇 ▷4条件をすべて満たすことが必要
②	**懲戒解雇**	▷従業員が極めて悪質な規律違反や違法行為等を行ったときに懲戒処分として行うための解雇 ▷就業規則等にその要件を具体的に明示しておくことが必要
③	**普通解雇**	▷整理解雇、懲戒解雇以外の解雇 ▷労働契約の継続が困難な事情があるときに限られる

① 整理解雇

これは会社の経営悪化により、人員整理を行うための解雇であり、次の4点をいずれも満たすことが必要とされている。

・整理解雇することに客観的な必要があること
・解雇を回避するために最大限の努力を行ったこと
・解雇の対象となる人選の基準、運用が合理的に行われていること
・労使間で十分に協議を行ったこと

整理解雇を巡る紛争では、会社がこれら条件を満たしていたかが焦点となる。ただし、実際は後日の紛争を避けるため、整理解雇に近いリストラであっても、割増退職金を支給する等して、社員とできるだけの合意を行った上で退職とすることが多い。

② 懲戒解雇

社員が極めて悪質な規律違反や違法行為等を行ったときに、懲戒処分として行うための解雇であり、就業規則等にその要件を具体的に明示しておくことが必要である。上記7 (3)でも触れたが、通常は、社員に対する処分の最も重いものとして、就業規則に明示されている。懲戒解雇の場合は、「そもそも懲戒事由にあたるような行為はしていない」、あるいは「起こした問題に対して解雇という懲戒は重すぎる。だから解雇は無効である」という紛争となる。

③ 普通解雇

これは、整理解雇、懲戒解雇以外の解雇であり、労働契約の継続が困難な事情があるときに限られる。例えば、勤務成績が著しく悪く、指導を行っても改善の見込みがないときや、健康上の理由で、長期にわたり職場復帰が見込めないとき等がこれにあたるとされている。普通解雇の場合は、労働契約の継続が困難な事情が本当にあったのかが紛争のポイントとなる。

このように、日本では解雇の正当な理由は比較的限定的に認められており、解雇にあたっては、社員の問題行為や就業上の問題が解雇事由にあたるのか、事案ごとの検討が必要になる。解雇された社員が、解雇が無効だと思った場合には、会社に対し労働審判の申立て、民事訴訟の提起、ユニオンを通じた交渉等の手段があることは上述した通りである。

なお、解雇の難しさは、国によって大きく異なる。ドイツのように日本と同様に解雇が困難な国があるのに対し、米国のように会社は特に理由がなくても社員を解雇できるという国もある。また、インド等では、労働法の保護を受ける「ワークマン」の解雇は難しい一方、上級管理職等の「ノン・ワークマン」は労働法が適用されず、解雇も雇用契約に従うというように、社員の地位によって扱いが異なる。

米国では、解雇が容易な反面、米国に特有のゲームのルールが存在する。以降、本章の結びとして、米国での労務案件を取り上げる。

9 | 米国での労務案件

（1）米国労務案件のキーワード

米国の労務案件は、2つのキーワードから理解するのがよい。1つ目のキーワードは「Employment at will」である（[図表87] 参照）。これを直訳すると「（任意の）意志に基づく雇用」ということになるが、その意図するところは「雇用主も雇用者もいつでも解雇したり、離職したりすることが自由にできる（権利を認めた）雇用」と言える。

図表87 米国労務案件のキーワード①

Employment at will

直訳すると：「(任意の)意志に基づく雇用」
意図するところは：「雇用主も雇用者もいつでも解雇したり、離職すること
が自由にできる(権利を認めた)雇用」

これによってどのようなことが生じるか？

○原則としていつでも解雇できる会社側　　　　　○会社と社員のドライな関係
○いつ解雇されるかわからない社員側　→　○社員は解雇に対する対抗策準備

　これによって、会社側から見れば、原則としていつでも解雇できるという
ことになり、社員側から見れば、いつ解雇されるかわからないということに
なる。その結果、会社と社員は比較的ドライな関係となり、社員は解雇に対
する対抗策を考えることになる。

　そこで出てくるのが2つ目のキーワード「訴訟社会」である（[図表88] 参照）。

図表88 米国労務案件のキーワード②

訴訟社会

弁護士数が圧倒的に多い
成功報酬だけで仕事を請ける「原告弁護士」の存在

これによってどのようなことが生じるか？

○弁護士に相談するのは普通のこと　　　　　○個人が会社を訴えることも簡単
○訴訟提起もハードルが低い　→　○社員が会社を訴えることも簡単

　米国は弁護士の絶対数、国民一人あたりの弁護士数が圧倒的に多い。そし
て、成功報酬だけで仕事を請ける「原告弁護士」がどの街にも存在する。そ
れによって、米国人にとって、弁護士に相談するのは「普通のこと」であり、
訴訟提起についての、心理的なハードルは低いと言える。したがって、個人

が企業を訴えることも珍しくなく、社員が勤務先の会社を訴えることも簡単と言える。

この「Employment at will」と「訴訟社会」を組み合わせたものが、米国労務案件の構図となる（［図表89］参照）。

図表89 米国労務案件の構図

「Employment at will」×「訴訟社会」

【解雇の場面】	【セクハラ・パワハラ等】
解雇された社員からの「不当解雇」の訴え	セクハラ・パワハラ等の問題の被害者からの損害賠償請求

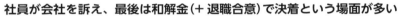

社員が会社を訴え、最後は和解金（＋退職合意）で決着という場面が多い

○労働法専門の弁護士への相談機会多い
○人事マネージャーは労働法の知識・経験が不可欠

これらの損害賠償・和解金に備えた雇用慣行保険の存在

「Employment at will」による会社とのドライな関係と、社員が勤務先の会社を訴えるのも簡単という「訴訟社会」を背景に、解雇の場面では、解雇された社員からの不当解雇の訴えが、例えば、セクハラやパワハラの場面では、その被害者からの慰謝料等の損害賠償請求がなされやすい。これらのように、米国では、社員が会社を訴え、最後は和解金（＋退職合意）で決着という場面が多い。

そのため、米国では労働法専門の弁護士への相談が日常茶飯事であり、また人事マネージャー等は、日本以上に労働法の知識・経験が不可欠なのである。さらに社員からの訴えによる損害賠償や和解金に備えた雇用慣行保険が存在し、多くの会社で実際に使われている。

（2）米国での解雇案件

「米国での解雇案件」というゲームを図示したものが［**図表90**］である。

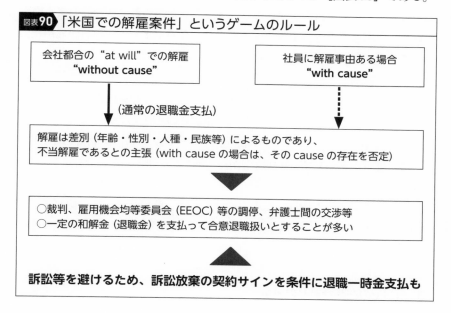

図表90 「米国での解雇案件」というゲームのルール

米国では、「at will」で解雇できるので、その際には特に解雇事由を示す必要はなく、「without cause」の解雇と呼ばれる。この場合は、通常の退職金が雇用契約等に従って支払われる。米国でも、社員に解雇事由があって解雇する場合も当然あり、その場合は「with cause」と呼ばれ、日本の懲戒解雇同様、退職金等の支払が行われないことがある。

では、「at will」でいつでも解雇できるのに、なぜ会社が訴えられるのだろうか。米国では、「解雇の自由」という原則がある一方で、年齢・性別・人種・民族等の差別に基づく解雇や、産前産後・育児休業中の解雇等、禁止されている解雇事由がある。解雇の際の紛争の多くは、「解雇は差別（年齢・性別・人種・民族等）によるもので不当解雇である」との主張から始まる。例えば対象の社員が40歳以上であれば年齢による差別からの保護対象であるし、女性は性別による差別の保護対象となる。また「with cause」の解雇

の場合は、それに加えて「cause」の存在そのものを争うことになる。

米国で解雇した場合、会社としては差別をする意図がまったくなくても、ある日弁護士から警告書が届いたり、突然訴状が送られてきたりして、交渉や訴訟に否応なく巻き込まれることが少なくない。また、元社員が雇用機会均等委員会 (EEOC) 等に申し立て、調停手続が行われることもある。

会社側に差別の意図はなくても、訴訟継続のコストや時間のロス等を勘案し、最終的には一定の和解金 (退職金) を支払って合意退職扱いとすることが多い (もちろんその前に、弁護士間で和解金の価格等について厳しい交渉をするのだが……)。また、この和解金については、雇用慣行保険から支払われる可能性もあるので、初期段階から、弁護士に加えて保険会社にも連絡・相談をしておく必要がある。

さらに、このような訴訟・紛争を避けるため、解雇時に、社員側が訴訟放棄の契約にサインすることを条件に退職一時金を少し上乗せして支払う等の回避策をとることもある。

(3) 米国での在籍社員との紛争

解雇以外の場面で、「米国での在籍社員との紛争」というゲームを図示したものが [図表91] である。

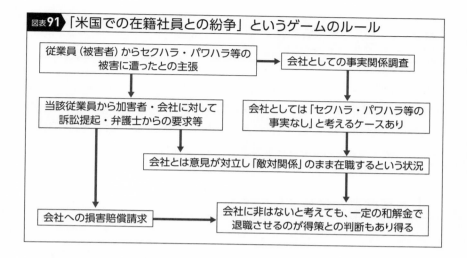

図表91 「米国での在籍社員との紛争」というゲームのルール

すでに述べた通り、訴訟社会の米国では、在籍中の社員が勤務先の会社に対して弁護士を立てて要求したり、訴訟を提起したりすることは珍しくない。

例えば、社員の一人からセクハラあるいはパワハラ等の被害に遭ったとの主張があったとしよう。会社としての事実関係調査をした結果、セクハラ・パワハラ等の事実は確認できなかったという場面もあり得る。しかし、その一方では、当該社員から加害者・会社に対して慰謝料・損害賠償等を求めて弁護士を委任、訴訟提起や訴訟提起を前提とした交渉に入ることが考えられる。

このようなケースでは、会社とは意見が対立し「敵対関係」のまま在職するという状況が続いてしまう。それが会社の経営や業務遂行に悪影響を与える場合には、社員からの損害賠償請求に対して、（会社に非はないと考えても）一定の和解金を支払って退職させる（合意退職扱いとする）のが得策という判断もあり得るのである。

このように、解雇という面では会社に自由度のある米国であるが、訴訟社会を背景に、日本以上に社員との法的紛争の発生頻度は高いのである。

第6章 事業撤退

　事業撤退においては、法務部門が担う役割が非常に重要なものになる。本章では、まず事業撤退のステップと法務部門の関与について理解した上で、取引先との取引関係の終了に関わる法律問題を中心に解説する。また、社員の処遇、会社の解散・清算における実務上のポイントまでを押さえておく。

1 ┃ 事業撤退と企業法務の役割

　第2部では、現地法人設立という「進出」のフェーズから、契約締結前の合意、M&A、合弁事業、労務案件等の典型的な法務問題を扱ってきたが、企業活動の中では、残念ながら事業から撤退しなければならない状況も発生する。この事業撤退においても、やはり法務部門の役割は大きい。本章では、事業撤退にともなう法務案件、法務部門の役割について述べる。

　[図表92] は事業撤退の全体像を示している。事業の縮小・撤退の選択肢としては、大きく分けて、自ら撤退・停止する場合と、第三者に当該事業や当該事業を営む子会社を譲渡 (売却) する場合がある。事業譲渡の場合は、売り手の立場でM&Aをすることになるので、**本部第3章「M&A」**をお読みいただきたい。

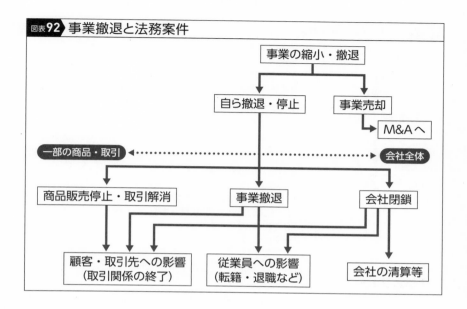

図表92 事業撤退と法務案件

事業の縮小・撤退

自ら撤退・停止　　事業売却

M&Aへ

一部の商品・取引　‹‥‥‥‥‥‥‥‥‥‥‥‥‥‥‥‥‥‥‥‥‥‥› 会社全体

商品販売停止・取引解消　　事業撤退　　会社閉鎖

顧客・取引先への影響
（取引関係の終了）　　従業員への影響
（転籍・退職など）　　会社の清算等

　自ら撤退・停止することを選ぶ場合も、一部の商品の取扱い停止や、一部の顧客や仕入先との取引の停止のようなものから、「事業部の閉鎖」のように1つの事業から完全に撤退するもの、あるいは1つの子会社を閉鎖し清算するようなものまで考えられる。

　一部商品販売の停止・取引解消の場合は、取引の終了にともなう顧客・取引先への影響が発生し、それをどのように扱うかが法務部門の主な課題となる。事業撤退に至る場合は、それに加えて、当該事業に属する社員の転籍や解雇といった問題に直面する。さらに会社閉鎖の場合は、会社の解散・清算手続の実行がそれに加わる。

2 ｜ 事業撤退のステップと法務の関与

　次に事業撤退の検討から実行までのステップに沿って、法務部門がどのように関与するかを見ておきたい。[図表93]は、各ステップと法務部門の関与をまとめたものである。

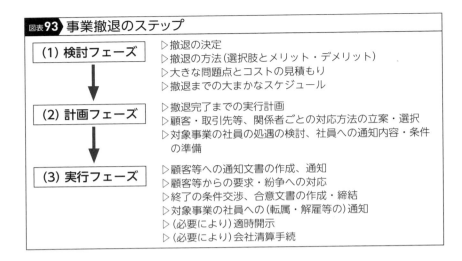

図表93 事業撤退のステップ

(1) 検討フェーズ
▷撤退の決定
▷撤退の方法(選択肢とメリット・デメリット)
▷大きな問題点とコストの見積もり
▷撤退までの大まかなスケジュール

(2) 計画フェーズ
▷撤退完了までの実行計画
▷顧客・取引先等、関係者ごとの対応方法の立案・選択
▷対象事業の社員の処遇の検討、社員への通知内容・条件の準備

(3) 実行フェーズ
▷顧客等への通知文書の作成、通知
▷顧客等からの要求・紛争への対応
▷終了の条件交渉、合意文書の作成・締結
▷対象事業の社員への(転属・解雇等の)通知
▷(必要により)適時開示
▷(必要により)会社清算手続

(1) 検討フェーズ

まずは、事業撤退をするかどうかの意思決定と、いつごろまでにどのようにして撤退するのかを検討するフェーズである。

撤退をしたいという方向性に従い、まずは、撤退の方法を検討する。例えば、他社がその事業に興味を示す可能性があり、売却しても自社のグループ全体にとって大きな悪影響がない場合は、売却先を探すというのが大きな選択肢となるだろう。また、例えば1つの工場で製造している商品からなる事業から撤退する場合でも、工場そのものを閉鎖する、工場は他の商品の製造で存続する、撤退は一部商品として他の商品は他の工場に移管する等、いくつかの選択肢が考えられることが多い。これらのメリット・デメリットの比較等においても、契約上の義務・社員解雇の可否等の法務面からの検討が欠かせない。

さらに、この時点で、撤退実行に障害となるような大きな問題点の有無についても検討しておくべきである。例えば、解雇の規制の非常に厳しい国で工場を閉鎖する場合は、社員への対応が最大の問題となるだろうし、撤退対象商品に依存している大手顧客等がいる場合は、その顧客への供給義務が最大の問題かもしれない。

　そして、これらの問題の処理も含めたコストとスケジュールの大まかな見積もりを行う。それらを踏まえて、経営陣による撤退の意思決定がなされるのである。

(2) 計画フェーズ

　撤退の検討と撤退の方向性の意思決定がなされたら、次は撤退の具体的な準備・計画のフェーズに入り、撤退完了までの実行計画を作成することになる。

　まずは、顧客・仕入先等、撤退に影響する関係者をリストアップし、それらの関係者ごとの対応方法の立案・選択を行う。例えば、顧客に対しては、どれくらいの予告期間をもってどのように販売終了の通知を行うか、販売終了にともなって一定の在庫保持や他社からの供給ルートの紹介等の措置が必要か、等の検討・準備を行うのである。ここで言う関係者には、社内他部門やグループ会社が含まれる場合もある。撤退する事業や工場が、他の事業部門の商品も製造しているような場合であれば、グループ内の他工場等に当該商品を生産移管することを考えなければならない。

　また、社員の異動や解雇をともなう場合は、グループ内の異動先を確保するか、解雇せざるを得ないか、解雇の場合どのような条件を社員に提示するか等、社員の処遇の検討を行い、さらに具体的な通知内容や条件の準備を行う。

(3) 実行フェーズ

　実行フェーズでは、法務部門は、さまざまな文書の作成や、実行にともなって発生する問題や紛争に対応することになる。

　撤退にともなってしばしば発生する案件として、取引を停止する顧客、仕入先等への通知文書の作成等がある。さらに、その通知を受けた顧客からの要求への対応、終了までの条件交渉等も発生する。交渉がまとまれば、合意書等の文書の作成と締結が行われるし、顧客や仕入先が、取引終了は契約や法律に違反すると主張すれば、法的紛争への対応も必要となる。

　また、社員の異動・解雇等をともなう場合は、人事部門とともに社員に転属・退職の条件を定めた文書や、社員向けプレゼンテーションの作成に関与

する場合もある。また、撤退の規模が大きい場合は、必要により、ホームページに掲載する告知文書や証券取引所の適時開示の文案の作成やチェックを行うこともある。

そして、会社自体を閉鎖する場合は、上記に加えて、会社法に基づく解散・清算等の手続を実施することになる。

3 │ 取引関係の終了と法律問題

上述した通り、事業撤退においては、顧客・仕入先との取引関係を終了しなければならないことが多い。ここでは、この取引関係終了にともなうリスクおよび法律問題について少し詳しく取り上げたい。

（1）取引関係終了にともなう紛争リスク

事業撤退にともなう顧客・仕入先との取引関係の終了は、要は「後腐れなく切る」ことが目標となる。顧客や仕入先も合意の上、問題なく終了できればいいのだが、取引関係の終了は、しばしば顧客や仕入先にとって痛みをともなうのである。

例えば、顧客にとっての痛みには次のようなものが考えられる。

- （顧客が自社内または顧客製品の原材料として使っている場合）その商品または同等の代替品が継続して入手できない可能性がある。
- 代替品は入手できても、価格が高い、納期が長い等、現在の条件より悪くなる。
- （顧客が代理店である場合）その商品が入ってこなくなると、売る商品がなくなる、あるいは少なくなる。
- 使用中の商品（特に設備機器の場合）の修理等のメンテナンスや、保守用部品を継続供給してもらわないと困る。

一方、撤退する事業で扱っていた商品やその部品・原材料等の仕入先にとっては、次のような痛みが考えられる。

・商品の売り先が減って、売上が落ち込む。この問題は、その仕入先にとって当社が重要顧客であり、当社への依存度が高いほど深刻となる。
・商品やその原材料の在庫を抱えている。それを引き取ってもらいたい。
・当社向け商品製造のための設備投資をして、まだ減価償却も終わっていない。

　その他にも、オフィスの賃貸借契約や、社用車・機器のリース契約等について契約の残存期間をどうするか、期間満了前に契約を終了できるか、といった問題も発生する。
　このような痛みや利害の対立が存在するので、必ずしもすべての取引先が同意して終了できるとは限らない。合意できない場合の選択肢として、合意なしの一方的終了は可能か（一方的終了をして訴訟で争われたときに勝てるか）といった検討も必要となる。そして一方的終了が難しい（訴訟で勝算が低い）場合は、一定期間の取引継続、他社に肩代わりを要請、一定の補償金支払等、他の選択肢を視野に入れることになる。
　以下では、合意なしの一方的終了は可能かという論点に対し、継続的取引関係の解消の法律問題と代理店保護法の問題を取り上げる。

（2）継続的取引解消の法律問題

　継続的取引のある顧客や仕入先との間には、取引基本契約、代理店契約等、何らかの基本取引契約が締結されていることが多い。そのような取引を解消するにあたり、まず参照するのは基本契約の有効期間や解約の条件であろう。
　契約書には、1年ごとの自動延長で1年の期間満了の2ヵ月前に通知すれば非更新となるといった条件や、期間中であっても3ヵ月前の予告で双方からいつでも解約できるといった条件が一般的に見られる。それでは、契約書において3ヵ月前通知で解約可能と書かれていれば、いつでもその通り解約して問題ないのだろうか。
　例えば当社が、ある仕入先と長年にわたる継続的な取引がある場合、仕入先は、当然今後も取引は継続されるものと期待するだろう。そして、これまでの実績と今後の継続の期待から、当社向けの設備投資や雇用をすることも

多いだろう。また、長年の取引の結果、当社向け売上への依存度が高いことも少なくない。このように①相互依存の取引関係、②取引継続に対する高度の期待、③継続取引を前提とした企業活動・資本投下があるような「継続的取引関係」において、日本の裁判所は、事情によっては一方的な解約は認めない、契約満了による非更新も認めない等、解約権をやや制限的に解釈している。

[図表94] は、日本における「継続的取引関係の終了」というゲームのルールを示したものである。

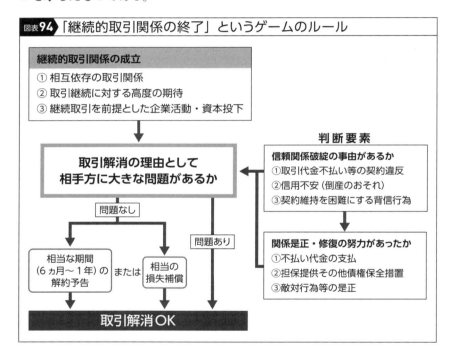

図表94 「継続的取引関係の終了」というゲームのルール

まずは、上記のような観点から、「継続的取引関係」が成立しているかどうかを判断しなければならない。そのためには、取引期間、相手方にとっての当社向け事業への依存度、当社向けの投資の有無や程度等を総合的に検討することになる。取引期間が長いほど、当社向けへの依存度が高いほど、ま

た当社向け投資が多いほど、「継続的取引関係」ありと見られ、裁判所で争っ
た場合には契約書通り（例：3ヵ月前通知）の解約が否定される可能性が高
くなる。

　「継続的取引関係」があったとしても、解約をしようとする事由が相手方
にあれば、すぐにでも解約できる可能性が高くなる。まずは、①取引代金
不払い等の契約違反、②信用不安（倒産のおそれ）、③契約維持を困難にす
る背信行為等の信頼関係破綻の事由が相手方にあるかを判断する。その上で、
その事由が修復可能なレベルであれば、①不払い代金の支払、②担保提供そ
の他債権保全措置、③敵対行為等の是正等の関係是正・修復の努力があった
かということをあわせて、取引解消の理由として相手方に大きな問題がある
かを判断する。そして、相手方に大きな問題があれば、取引解消は法的にも
認められる可能性が高くなる。自社の事業撤退をトリガーとする取引の解消
の場合、相手方に大きな問題ありとは言えないケースが多いと思われるが、
念のためこの確認は必要である。

　取引解消の事由として、相手方に大きな問題がない場合、日本の裁判所は、
相当の損失補償（例えば設備投資分の補償や一定期間の得べかりし利益の補
償）または、相当な期間（6ヵ月〜1年程度）の解約予告を求めている。相当
な期間の解約予告をすれば認められるというのは、その間に他の取引先を探
したり、業態転換をしたりする等の猶予が得られるという考え方が背景にあ
る。

　この「相当な期間の解約予告」という条件があることを考えると、事業撤
退は、早期から入念に検討・計画をし、撤退完了までにはかなりの時間がか
かるという認識を持つことが重要である。

　なお、上記の継続的取引の解消の考え方は、日本の裁判所の判例の積み重
ね等によって認められてきたものである。この考え方は国によって異なり、
日本同様に継続的取引を保護する国もあれば、「契約書に書いてあればその
通りでよい」とする国もある。事前検討段階では、関係諸国の継続的取引終
了の制約についても十分な検討が必要である。

(3) 代理店保護法

継続的取引関係を解消するにあたって、一定の手数料を渡して自社の商品の販売活動を行ってもらう代理店（Agent）や、自社の商品を購入し再販売する販売店（Distributor）を置いている場合は、上記の論点に加えて、代理店・販売店所在国の、代理店保護法の存在が問題となる。

代理店保護法の立法趣旨は、経済的にも法律的にも弱く、メーカー等に対して従属的な立場になりやすい、代理店・販売店の保護である。取引終了にあたって問題となるのは、代理店保護法に、何らかの契約終了時の代理店保護措置が定められているからである。例えば、海外メーカー等からの一方的な契約の終了の制限や、契約終了後の販売店・代理店への救済措置（金銭保証等）の定めがあり得る。

世界で代理店保護法が制定されている主な地域・国としては、EU、中近東、中南米地域の各国が挙げられる。EUでは、代理店についての法律を域内各国で統一するために、EC指令が制定されており、代理店（代理商）は契約終了にあたり、利益機会の損失とこれまでの投資額補填のための補償を輸出者またはメーカー等に請求できるとされている。ただし、この法律の対象となるのは個人事業主の代理商のみであり、法人格を持つ代理店は含まれない。

他に、中近東・中南米には代理店保護法を持つ国が多く、EUと比較すると、法人格を持つ代理店や、販売店も保護対象となる場合がある。

事業撤退にあたり、これらの地域にある代理店・販売店との契約を終了する場合は、各国の法律と終了の条件について事前検討が必要である。

(4) 紛争リスクを避ける交渉

上記のような法的制約を念頭に、取引先への取引終了の通知・説明や、その条件の交渉を行うわけであるが、取引先にとって、上述のような「痛み」が大きいほど、簡単に納得はしてもらえず、法的紛争にもなりかねない。

したがって、重要な取引先、もめそうな取引先とは、通知文書で終わらせるのではなく、取引解消に向けた交渉が必要となる。その交渉のシナリオを考える際に、上記の法的リスクとともに、取引解消を切り出したときに仕入

先がどのような反応をするか、「相手の出方」をある程度読んでおくべきである。「相手の出方」には例えば次のようなものが考えられる。

- 取引解消までの猶予期間を要求する。
- 「何を改善すれば取引が継続できるのか」と取引継続に望みをかける。
- 原材料等の在庫の引取り（仕入先の場合）
- 当社向け専用設備の買取り（仕入先の場合）
- 保守用部品等の継続供給（顧客の場合）
- 得べかりし利益やこれまでの投資に対する補償の請求
- 「それなら明日から供給しない（あるいは販売しない）」と言い出す。
- 「話し合う気はない」と交渉に至らない。

これらの「相手の出方」は、あくまでも読みであり、その通りになるとは限らない。それでも、この「読み」は交渉の切り出し方に大きく影響する。例えば「明日から供給しない」というリスクが現実にありそうであれば、当面の在庫の確保がある程度できてから交渉に行くべきだろう。また、当社向け専用設備の買取り要求が必至であれば、他の部門や他の仕入先での転用可能性をあらかじめ打診しておくことが考えられる。

さて、このような準備をしたらいよいよ交渉である。上記 (2) で論じた通り、契約通りの解約が難しい案件では、「相当の予告期間」または「相当の損失補償」を覚悟する必要がある。事業撤退までの時間にある程度余裕のある場合は、「相当の予告期間」を与えて、取引先にも他の顧客やサプライヤーを探したり、事業を縮小したりするための猶予期間とすることを基本とし、他の要求にどの程度応じるかを検討するといった交渉シナリオが考えられる。例えば、典型的な交渉シナリオは次のようなものである。

① 取引解消の理由の説明

当社としてのやむを得ない事情で事業撤退の決断に至った旨を説明し、取引解消がやむを得ないことについて、一定の納得感の醸成を図る。

② 取引解消までの猶予期間の提示・交渉

猶予期間の設定は、長い方が法的リスクを抑えられる反面、事業撤退の完了がそれだけ遅くなってしまう。例えば、まずは6ヵ月の猶予期間を提示して反応をうかがい、「6ヵ月後から段階的に取引を縮小し、1年後に完全に取引解消」で合意する等の交渉が考えられる。

③ 商品・部品の継続供給等の付帯条件の交渉

付帯条件は相手次第なので何とも言えないが、例えば、顧客が一部商品やその部品の継続供給を要求してきた場合は、保守部品だけは一定期間供給を継続する、同等品を有する他のサプライヤーを紹介する等の対応が考えられる。

④ 交渉決裂時の次善策

交渉の際は、常に交渉決裂時の次善の策を考えておく必要がある。この場合には、やはり期限を切った解約通知を出すことになるだろう。契約通りの解約が否定されるリスクが高い案件であれば、例えば「3ヵ月」の代わりに「6〜12ヵ月」（長さはリスクの程度により異なる）の通知期間とし、法的紛争になっても「相当の予告期間を与えた」と主張できる状態とする。

4 ｜ 事業撤退と社員の処遇

ここまで、事業撤退にともなう取引関係の終了に関する法律問題を扱ってきたが、事業撤退が社員の解雇や異動をともなう場合は、社員の処遇・労務問題についても法的検討が必要である。

ある事業全体から撤退するような場合、その対象事業に従事していた社員にとっては、それまでに従事してきた仕事がなくなってしまうことになる。同一または近接の事業所内に、対象事業の社員がこれまでの経験を生かせる仕事が十分あればよいが、そうはいかないことも多い。また、ある国に設立した現地法人や工場を閉鎖する場合等、会社そのものがなくなってしまうこ

ともある。

　したがって、事業丸ごとのような事業撤退では、対象事業の一部または全部の社員に退職してもらわなければならないことがある。そこで、まずは対象事業所在国の労働法制で、事業撤退にともなう解雇が可能かという検討をしなければならない。解雇にともなう問題については、**本部第5章「労務案件」**で触れたが、例えば日本であれば、整理解雇の4つの要件を満たしているかどうかの検討を行う。他国においても、そもそも会社都合の解雇がどの程度認められるか、日本の整理解雇のように不採算事業から撤退する場合の条件について何らかの定めがあるか、あるいは、会社そのものを閉鎖・清算する場合の規制はどうか、といった点を検討することになる。

　解雇が可能なケースであっても、法的紛争を防ぎ、スムーズな撤退を行うために、退職一時金の上乗せ等を提示し、合意の上での退職という形をとることが多い。その際の退職一時金の上乗せ額については、その国・その地域の相場感や、転職先を見つけることの容易さ等によっても異なってくるので、労務案件に強い地元の弁護士や人事コンサルタント等に相談すべきである。なお、退職一時金の上乗せに加えて、（国によっては）一定期間の会社負担の保険の継続、会社負担での転職支援サービスの提供等の条件をつけることもある。

　また、事業撤退にあたっては、他の事業所への異動と退職を社員に選択できるようにすることも考えられる。例えば、「他の事業所における現在と同一条件での雇用と引越し費用の会社負担・一定の家賃補助等の付帯条件」と、「一定の割増退職金を受領しての退職」を社員が選択できるといった条件を提示するのである。

　このように社員の異動や退職をともなう事業撤退の場合、それを対象社員にどのように伝えるかも大きな問題となる。異動先が確保されているケースであっても、当該社員にとっては、自分が今まで取り組んできた事業がなくなるのはショックな出来事である。ましてや、その撤退によって退職しなければならないケースも考えられる。このような、社員にとっての痛みを考慮に入れた上で、当該事業の所在国・地域の法令や慣習、社員の構成、社員と

会社との関係、労働組合の有無や労働組合との関係等を踏まえて、社員への事業撤退の通知方法を考えることになる。その際の主な考慮事項は次の通りである。

① 通知方法（全員を集めて一度に説明か、まずは管理職に説明し、次に一般社員へ説明という二段階方式をとるか、労働組合への事前通知をすべきか、等）

② 通知時期（事業撤退実施にどの程度先立って通知すべきか。社内での噂や、先に話を聞いた取引先からの伝聞等、公式な説明より先に他のルートから社員の耳に入るのは避けるべきである）

③ 通知時に社員に提示する条件（割増退職金・他の事業所への異動等。上述の通り）

　このような事業撤退にともなう社員の処遇や、社員への通知方法の検討は、人事部門の主導で行われることが多い。しかし、労務案件・紛争のリスクを小さくするためには、法律面を中心に法務部門も積極的に関与すべきである。また、日本国内の案件については人事部門が主導する会社においても、現地弁護士の起用・相談等が必要な海外の事業撤退においては、社員の処遇も含めて、法務部門が主体的に関与することが考えられる。

5 ｜ 会社の解散・清算

　事業撤退にともなって会社そのものを閉鎖する場合には、最後に、会社の解散・清算の手続を行うことになる。典型的には、海外の現地販売会社や工場（現地法人）を解散するような場合である。

　解散・清算の手続は国によりまったく異なるので、ここでは解説しないが、解散決議を行っても、会社の清算が完了するまでには長期間を要する国が多い。清算前の債権者保護手続、税務申告、残余財産の分配等のプロセスが必要になるため、一般的に現地法人の設立手続よりは長い期間を要するのである。

法務部門の
マネジメント

☑ 第3部では、企業内の法務部門におけるマネジメント
  の概要を解説していく。

☑ 法務部門責任者および管理職の役割を理解する。

☑ 法務部門の役割・ミッション（使命）を理解する。

☑ 法務部門の人材獲得・育成の考え方と手法を学ぶ。また、
  組織運営に資する各担当者のモティベーション向上のコ
  ツも押さえておく。

☑ 法務部門の「予算の策定」「経費の管理」にあたり、予
  算の構成要素、予算承認を得るための検討事項、経費予
  算の管理手法を学ぶ。

☑ 法務部門の各年度における活動計画の立案方法、活動計
  画に組み込む業務の具体例、グループ会社を含む法務体
  制・組織整備の手法等を学ぶ。

第1章 法務部門責任者の役割

　第3部では、「企業法務遂行スキル」や「典型的な法務案件のセオリー」からは離れ、企業内の法務部門のマネジメントについて、その概要を述べることにする。第1章ではまず、法務部長等法務部門を率いていく責任者・管理職の役割について簡単に触れておく。

1 │ 法務部門の将来を考え、計画する

　法務部門責任者のおそらく最も重要な役割は、その会社における法務部門の将来を考え、そのために何をすべきか考え、その実行に向けた計画を行うということであろう。そのために常に考えておくべき要素がいくつかある（［図表95］参照）。

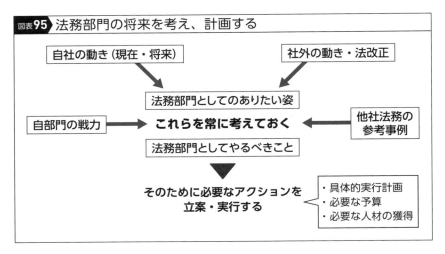

図表95 法務部門の将来を考え、計画する

自社の動き（現在・将来）　　　　　社外の動き・法改正

法務部門としてのありたい姿

自部門の戦力　→　これらを常に考えておく　←　他社法務の参考事例

法務部門としてやるべきこと

そのために必要なアクションを立案・実行する
・具体的実行計画
・必要な予算
・必要な人材の獲得

　まずは、「自社の動き」である。これは、会社が今どのような市場や競争環境の中で、どのような顧客に対し、どのような商品やサービスを提供しているのかという「現在の動き」、そしてそれが今後どのように変わっていく

のか（あるいは変わらないのか）という「将来の動き」の両方を含んでいる。その自社の動きに対して、法務部門が何をすべきかの先読みをするのである。

　次に「社外の動き」である。自社を含む業界全体の動向、マクロ経済の動き、市場の変化、国際関係、地政学的リスク等は、自社の動きにも大きな影響を与える。法務部門としては、外部環境の中でも、法律の制定・改正等の動きを特に注視しておく必要がある。例えば日本では、2000年以降何度も会社法の大きな改正があり、企業法務に大きな影響を与えた。さらに、法律そのものではないが、2010年代後半のコーポレートガバナンス・コードの制定・改訂やそれに伴うESG重視の流れにも、法務として対応が必要であった。また、新興国では重要な法整備や改正が常に発生しており、例えば2020年代になってもさまざまな国で新たに個人情報保護法が制定されている。

　3つ目は、「自部門の戦力」である。法務部門に現在どのような人材がいて、どのように育成していく方向なのか、また、戦力が不足している場合は、増員で補うのか、外部の弁護士を使うのかといったことを含めた「戦力」の俯瞰を持っておくことが必要である。

　4つ目は、「他社法務の参考事例」である。他社法務の後追いをする必要はないが、自社でやっていること・考えていることの方向性が正しいのか、あるいはもっと他に方法はないのかといったことを確認する際のベンチマークとして、他社法務がどのような戦力で何をしているのかを知っておくことは非常に有用である。

　このような4つの要素を念頭に置き、法務部門としての「ありたい姿」や「やるべきこと」を常に考えておくことが重要である。これは、法務部門の一担当者にできることではなく、法務部門責任者にとって最も大きな仕事と言っても過言ではない。

　そのような「ありたい姿」や「やるべきこと」を実現するために、必要なアクションを立案・実行していくのである。そのアクションには、具体的な実行計画の策定、必要な予算・人材の獲得等が含まれる。それらについては、次章以降で述べることとする。

2 | 法務部門内の人材育成

法務部門責任者の役割の2つ目は、法務部門内の人材育成である。

法務部門の仕事においても、2020年代よりLegal TechといわれるITシステム等を用いたシステム化が進んでいるが、それらのLegal Techを使いこなすのも力量が必要である。また、会社の方向性や相手方との力関係を考えた現実的な回答、複雑な問題の創造的な解決策の提案、難しい相手との交渉等システム化・マニュアル化をしにくい業務も多い。システム化・マニュアル化が難しい仕事とはつまり、担当者個人の力量への依存度が高い仕事と言い換えられる。人材育成はすべての企業の共通の課題だが、この法務業務の特性から、特に法務部門にとっては、「個」の実力アップが必須である。そのため、他部門にも増して人材育成が重要課題となっているのである。

法務担当者は、日々の業務を経験する中で仕事を理解し、そのやり方を身につけ、能力アップを図っていくことになる。そのために、まずは法務部門責任者が、自らの部下や後輩に、法務の仕事の面白さを伝えていくことが欠かせない。これが各担当者の能力アップへのモティベーションにつながっていくからである。

法務部門の人材獲得・育成・モティベーションについては**本部第3章**で詳述する。

3 | 法務案件への関与

法務部門責任者の役割の3つ目は、当然のことながら、個々の法務案件への関与である。

法務部門内の担当者数等にもよるが、特に重要な案件については、責任者が「プレイング・マネージャー」として自ら、あるいは他のメンバーとともに担当することも多いだろう。例えば、会社にとって重要なM&A、重大な訴訟・法律違反、コーポレートガバナンス等、会社の経営に影響を与えるテーマがこのような重要案件にあたり得る。

　より日常的な案件では、他のメンバーが担当する案件の相談・報告を受け、軌道修正等の指示を行うといった関与方法になる。この場合には、個々の案件をOJTの場としてしっかり指導するという面と、部下が上司に依存するのではなく自分で最後まで決着する覚悟を持たせるという面のバランスを意識することが重要である。

　また、重要案件についての経営トップ・マネジメント層への報告も、法務部門責任者の役割となることが多い。この場合は、**第1部第4章「トップへの報告」**で触れた通り、面倒な話をいかにシンプルにわかりやすく報告するかが重要となる。

　その他、担当者の不在時や、一部の担当者に業務負荷が集中している場合の負荷調整や、案件の解決のために必要な他部門の責任者への説明、折衝、調整等も、個々の法務案件に関する法務部門責任者の仕事と言えるだろう。

4 ｜ 法務部門内管理業務

　法務部門責任者の役割の4つ目は、部門内の管理業務である。

　年度の予算策定から始まって、経費支出の承認、経費の予算と実績の管理等は、法務部門に限らず部門責任者の仕事と言えるだろう。

　さらに、法務部門内メンバーの残業時間・休暇取得等の労働時間管理、年次の人事評価、昇給・昇格の検討等の「人」に関する管理業務も重要な仕事の一部と言える。

5 ｜ 社外ネットワークの構築・維持

　法務部門責任者の役割の5つ目は、社外ネットワークの構築・維持である。

　法務部門にとって重要な社外ネットワークは、弁護士・司法書士・弁理士等の社外専門家との関係である。これらの社外専門家と「顔の見える関係」を構築し、面談や実際の仕事を通じて評価し、何かあったときにいつでも依頼できる状態を維持することが重要となる。そのためには、例えば、これま

でに法務案件が発生したことがなく、ネットワークを持っていない国であれ
ば、（必要により日本の弁護士等から紹介を受けた上で）出張時に複数の法
律事務所を訪問し、面談をしておくこと等が考えられる。また、しばしば「無
理なお願い」を引き受けてもらうような弁護士とは、情報交換を兼ねて年に
1、2回は会食をするといったこともよいだろう。

　もう1つは、他社法務部門とのネットワークである。経営法友会の会合、
法務関係者が集まるセミナー・レセプション等にも可能な限り顔を出し、他
社の法務部門（特に他社の法務部門責任者）と面識を作っておくように努め
ることも必要であろう。

第2章　法務部門の役割・ミッション

　前章では、法務部門の責任者の役割について述べた。それでは、そもそも法務部門の役割・ミッション（使命）とはどのようなものだろうか。それらは、会社によって異なるものなのか。本章では、法務部門の役割・ミッションについての共通項と、会社によって異なる部分を整理していく。

1 ┃ 一般的な法務部門の業務・役割

　[図表96] は、多くの会社に共通する法務部門の一般的な業務範囲・役割をまとめたものである。

図表96　法務部門の一般的な業務範囲・役割

受動的業務	能動的業務
○契約書の作成・審査	○契約書ひな形・マニュアル等の作成
○法律相談への助言・回答（事前・事後）	○社内セミナーの実施
○法的紛争・訴訟の遂行	○法改正対応策の立案・実施
○法的手続の実行（会社法関係・商業登記等）	○コンプライアンス・プログラム等の策定
○重要プロジェクトの法務関連事項 　（M&A・合弁・海外会社設立等）	

　多くの会社の法務部門にとって最もボリュームが大きいものは、契約書関連業務であろう。契約書の作成や取引相手方から提示された契約書の審査といった業務は、多くの会社で日々発生している。これに加えて、実際に取引先との契約交渉に法務部門が同席する場面もある（どれくらいの頻度で交渉に同席するかは、会社によって異なる）。

　次に典型的な業務としては、法律相談への回答や助言が挙げられる。これには、「今からこのような取引や新事業を考えているのだが、法律上問題ないか？」といった事前相談と、「こんな問題が起こってしまった」「取引先と

のトラブルが生じてしまったが、法律上は我が社にとってどんな問題があるのか？」といった発生後の相談の両方が含まれる。この「法律相談」のジャンルでは、内容の専門性が高い場合、または会社にとって経験したことがない相談内容の場合には、社外の弁護士に相談することもあるだろう。

　3つ目は、法的紛争や訴訟への対応である。これには、自社が原告の場合、被告の場合、さらに自社が何らかの法律違反の疑いで調査を受ける場合等が考えられる。これらの紛争対応では、実際に法廷に立つ外部弁護士を使いつつ、解決のシナリオ作りや証拠の収集・整理等を行うことになる。この法的紛争や訴訟の頻度は、会社の業態、事業展開をしている国等によって異なってくる。例えば、米国で消費者向け商品やその内蔵部品等の事業を行っている場合は、製造物責任の訴訟等を多く抱えることが想定される。

　4つ目は、法的手続の実行である。法的手続には、例えば役員の変更登記や、（ストックオプション行使等にともなう）資本金の変更登記といったルーティンの手続、会社の新設・合併・分割といった特別なプロジェクトにともなうものがある。

　最後は、上記と若干重複するが、重要プロジェクトへの関与である。**第2部**で触れた通り、海外子会社の設立、M&A、合弁事業等においては、各種契約、各国での法律手続、デューデリジェンス等、法務部門が関与すべき事項は多い。

　これらの法務業務は、法務部門自らが仕掛けるものではなく、他部門からの相談に応じたり、発生した紛争に対応したり、プロジェクトの発足とともに関与したりする、いわば「受動的業務」である。事業・経営を法務面からサポートするという法務部門の性質から、必然的にこのような受動的業務のウエイトが高くなる。

　一方で、法務部門が自ら仕掛け、発信していく「能動的業務」も存在する。多くの会社の法務部門では、契約書のひな形や典型的な法務案件の対応マニュアル等の作成等を行っているだろう。また、例えば独禁法・下請法・取引契約といった多くの部門で必要な法知識について、法務部門が社内セミナーを開くことも多い。

　これらに加えて、例えば会社法の改正や、個人情報保護法の制定のような会社に大きな影響を与える法律の制定・改正にあたっては、法務部門が先導して（他部門を巻き込んで）対応策の立案・実行をしなければならない。また、法改正に限らず、例えば独禁法の遵守マニュアルを作成して教育をするといった、コンプライアンス・プログラムの策定も、多くの法務部門の業務の一部であろう。

2 ｜ 法務部門の業務範囲と他部門との関わり

　多くの会社に共通する一般的な法務部門の業務範囲については上述したが、会社によって法務部門の関与の程度が異なるジャンルも存在する。ここでは、そのような業務の代表例を紹介しておこう（[図表97] 参照）。

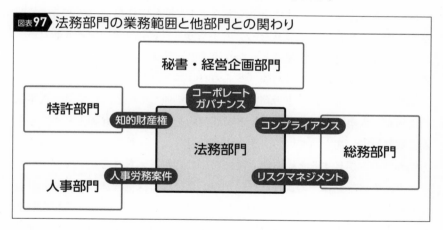

図表97　法務部門の業務範囲と他部門との関わり

（1）知的財産権

　研究開発部門を持つ製造業の会社であれば、通常は「特許部」あるいは「知的財産部」のような知的財産を専門に扱う部門が存在する。そのような場合は、特許の出願・維持・管理等については、法務部門は関与せずに特許部門が行い、特許訴訟等の紛争発生時に特許部門と法務部門が共同で対応することになる。また、特許部門が研究開発本部等の一部で、主に特許・実用新案・

意匠を担当するケースと、知的財産部門として、商標・著作権等も含めて担当するケースもある。前者の場合は、法務部門が商標の出願・更新を行うことも考えられる。

これに対して、特許や知的財産を扱う専門部署がない場合は、法務部門が知的財産の出願・維持・管理を行うこともある。例えば、卸売業・サービス業等であれば、法務部門は、通常は商標の維持管理を行い、まれに新たなビジネスモデル等で発明が発生したときに限って、特許出願に関与するといったケースも考えられる。

このように、法務部門が知的財産にどの程度関与するかは、会社の業態や知的財産部門の位置付けによって大きく異なるのである。

(2) 人事労務案件

次に、人事労務案件、特に紛争やトラブルに関して法務部門がどこまで関与するかも、会社によって異なる。人事労務案件には、**第2部第5章で述べ**た通り、社員の退職・解雇にともなう紛争や、残業代請求等の労働時間に関するもの、問題社員への対応等、多くのバリエーションがある。

伝統的に人事部門が人事労務案件を自力で処理している会社では、人事部門自体が、人事労務に強い弁護士と顧問契約を結び、顧問弁護士と相談しながら案件対応にあたっている。そのような場合は、法務部門は重大な訴訟や労働審判のみ関与するといった立場になることが考えられる。

一方、人事部門にそのような経験がない会社等では、個別の社員や元社員との紛争の全案件に法務部門が関与し、人事部門とともに対応する場合もある。また、国内の労務案件は原則として人事部門が対応するが、海外の案件になると法務部門に任されるという会社もあるだろう。

現在では、日本でも労働組合との労使協議のような集団的人事労務案件よりも、個々の社員・元社員との個別的人事労務案件が増加している。筆者の私見としては、人事労務案件が法的紛争に発展することが増えていることから、法務部門は今後、さらに積極的に人事労務案件に関与すべきであると考える。

（3）コンプライアンス・企業倫理

　コンプライアンス・企業倫理といった業務を法務部門の中で行うのか、総務部門等の他部門が行うのか、独立した部門が行うのか、という点も会社によってさまざまな形態がある。

　特に2000年代以降、「コンプライアンス」から「企業倫理」へ、そして「CSR」へと広がりを見せるとともに、法務部門からコンプライアンス部門が独立したり、「CSR室」等が新設され、そこでコンプライアンス・企業倫理を含めて対応したりする等、各社が試行錯誤をしてきたところである。さらに、2020年代以降は、サステナビリティやESGを管掌する部門が新設され、その部門がコンプライアンス・企業倫理を担うというケースも出てきている。一方で、比較的規模が小さい会社であれば、コンプライアンスの専門部署を設けることができず、法務部門や内部監査部門で対応するということが一般的であろう。

　法律を基盤に仕事をするという点において、法務とコンプライアンスには、当然共通点は多い。一方で、法務が個別問題の解決にウエイトをかけているのに対し、コンプライアンスは対応の仕組みを構築してPDCAサイクルを回すことや、社内の啓発・教育へのウエイトが高く、両者には「似て非なる」面もある。

　しかし、会社全体にとっては、コンプライアンスの仕組み作りから発生した問題まで、一気通貫で対応できることが望ましい。その意味では、別部門としていても、同じ本部内に配置する、同じ管掌役員の下に置く等、組織的に連携しやすい体制とすることが効果的であろう。

（4）リスクマネジメント

　リスクマネジメントについても、専門部署を置く会社とそうでない会社に分かれており、法務部門の関与の度合いもまちまちである。

　専門部署を置く例としては、総合商社等は伝統的に与信管理や投資先の審査を行う審査部があり、審査部を母体としてリスクマネジメント部が設立されているケース等がある。また、上述のコンプライアンスと一体化し、

コンプライアンス・リスクマネジメント部門を置く例もある。2020年代以降、感染症の拡大、国家間の紛争リスクの拡大等により、BCP（Business Continuity Plan）の重要性が再認識され、BCPを含めたリスクマネジメント部門新設の動きもある。

専門部署を置かない場合は、総務部門が、各種の保険契約や、緊急連絡網の整備、避難訓練等を実行する延長として、リスクマネジメントを担当することがよく行われる。また、法的リスクを重要なリスクととらえる会社においては、法務部門がリスクマネジメントを担当するケースもあり得る。

いずれにしても、法務部門は「法的リスクのマネジメントは自部門の仕事」ととらえるべきである。また、重大なリスクが顕在化した際には、法務部門は、広報部門・総務部門等とともに社内外への説明を含む「危機対応」を担うことになる。

(5) コーポレートガバナンス

法務部門に関連する業務として、このところ重視されているものに、コーポレートガバナンスがある。2015年以降、多くの会社で、会社法の改正（監査等委員会設置会社の導入）、コーポレートガバナンス・コードの制定等により、取締役会のあり方等を含めて、自社コーポレートガバナンスの見直しが迫られてきた。その後もコーポレートガバナンス・コードはほぼ3年ごとに改訂され、改訂の度に求められる水準が高くなり、企業は対応の見直しが必須になっている。

コーポレートガバナンスは、定常業務として専門部署を置く性格のものではないが、取締役会のサポート・事務局等の担う秘書部門や経営企画部門があれば、そのような部門が主導することが考えられる。そのような部門がない場合や、秘書部門等がコーポレートガバナンスを担当するような機能を有しない場合は、法務部門が主導することが十分にあり得る。

いずれにしても、コーポレートガバナンスは、1つの部門が単独で対応すべきテーマではなく、法務・IR・財務・秘書・経営企画・内部監査等が連携して対応する必要がある。特に上場会社においては、コーポレートガバ

ナンスは法務部門にとって特に重要な業務の1つと位置付けるべきであろう。実際に、法務部門が取締役会の事務局を含めたコーポレートガバナンスの中核を担う会社も増えているとみられる。

(6) ESG

2020年代に入りESG（Environment, Social, Governance）への社会的関心が高まり、2021年のコーポレートガバナンス・コード改訂を一つの契機として、日本企業でも対応が大きく進んだ。コーポレートガバナンス・コードへの対応のみならず、株主（特に海外の機関投資家）や顧客（特にグローバル企業）からもESGへの適切な対応の要求が高まっている。また、投資家視点でのESG評価機関や顧客視点でのESG評価機関が、各企業のESGの取組を評価・採点する動きもあり、特に上場企業はそれらを軽視することはできない。

どのような組織で対応するかは会社により異なるが、部門横断のプロジェクトや委員会を立ち上げる場合、ESG組織を新設する場合、環境対応組織を拡充する場合等が見られる。

法務部門としては、上述のコンプライアンス・ガバナンスと重複するが、Socialのうちの倫理・コンプライアンスとGovernanceのかなりの部分を担うべきであろう。そのためには、ESG全般の社会の動きに敏感になり、能動的に対応していく必要がある。

3 ｜ 法務部門のミッション

上記のような業務範囲や役割を踏まえて、法務部門の使命やミッションをどう考えるべきであろうか。法務部門の歴史が長い会社であれば、すでにミッションが定義され、文書化されているかもしれない。そのようなものがない会社であれば、一度自社の法務部門のミッションを文書化するとどうなるかについて、ディスカッションすることが有意義である。

もちろん、法務部門のミッションには、あらゆる会社に共通する唯一の回

答があるわけでなく、その会社にとって法務部門の主たる業務は何か、何を期待されているかにより異なる。そこで、ミッションを定義するにあたっては、まず「我が社は法務に何を期待しているか」「我が社らしい法務とは何か」をディスカッションするのがよいだろう。

　実際のミッションには、さまざまな定義・表現があると思われるが、方向性としては「問題解決」「法的紛争・法違反の予防」「コンプライアンス等の体制整備」「事業・経営へのサポート・貢献」等の軸が考えられる。ぜひ部門内でディスカッションして、これらを定義し、法務部門内の共通言語とすることをお勧めしたい。

第3章 法務部門の人材獲得・育成

　多くの会社において、法務部門の仕事が増えることはあっても減ることはない。また、事業のグローバル展開にともなう国際法務案件の増加、コンプライアンス、リスクマネジメント、コーポレートガバナンスへの業務拡大等、法務部門として取り組むべき範囲も拡大している。これらに対応していくため、人材獲得と育成を通じた組織の維持、モティベーション向上が、法務部門として非常に重要なテーマとなる。

1 | 人員計画

　法務部門の陣容強化、人材の獲得に先立って必要となるのが「人員計画」である。これは、法務部門として何人の担当者が必要であり、そのためには何人補充しなければならないといったものである。しかし、人員計画は「今」をしのぐためだけでは十分とは言えない。「法務部門の3年後の姿」等を思い描き、その実現を目標とした計画とすることが望ましい。

　ではここで、3年先までに3人の補充が必要と考えた場合、その人員をどのように獲得していくかを考えてみよう。獲得の方法は、「新卒社員の配属」「経験者のキャリア採用」「他部門からの異動」等が代表例である。将来の人員構成を考えて新卒社員を育成するか、即戦力が必要でキャリア採用の募集をかけるか等は、人材強化の必要性の現状次第である。また、最近ではロースクール（法科大学院）卒業生や、司法試験合格者が最初から企業法務で働くケースも増えているため、そのような採用ルートも考えられる。さらに、直ちに即戦力が必要な場合等は、法律事務所から出向で来てもらうという選択肢もあり得る。企業法務を主に扱う法律事務所であれば、企業の内部での勤務経験がプラスになると考えて、所属弁護士の出向等に柔軟に応じる場合もある。

　増員等をともなう人員計画を策定する場合は、法務部門の上位組織や経営

トップの了解をとりつける必要が生じてくる。その際には、**本部第5章で**後述する法務部門の今後の活動計画や、グループ法務体制の整備に要する人数等を説明することになる。また、人員増の必要性を「数字」で示す努力も忘れてはならない。例えば、「現在の法務部門には10人在籍しているが、昨年と比較して法務案件数は20％増加している。増加分のうち半分を組織の生産性向上で吸収したとしても、やはり1人の増員は必要である」といった説明である。他社の法務部門と比較して人数が少ないと思えば、経営法友会の資料等を活用し、売上高や従業員数あたりの妥当な法務部門人数を示すという説明方法も考えられる。

2 | 採用・人材獲得

　人員計画を立て、トップの承認を得られたら、いよいよ具体的な人材の獲得活動に入る。一般的な人材獲得方法には、上述のように「新卒採用」「キャリア採用」「他部門からの異動」等がある。部門間の異動は会社によってやり方が異なるので、ここでは、新卒採用・キャリア採用について、採用プロセスのポイントを述べることにする。

(1) 新卒採用

　新卒採用の場合は、まずは人事部門に採用したい人数を伝えることから始まるだろう。会社によって、「法務1名」等と枠を決めて法務採用希望者を募る場合と、全体の採用枠の中で「向いていそうな人」を法務配属とする場合が考えられる。いずれにしても、面接に立ち会う等、何らかの形で、法務部門の人間が（できれば複数人で）選考プロセスに入ることが重要である。

　ロースクール等ではなく、通常の新卒採用ルートで採用する場合には、法務担当者としての専門性や専門知識について、過度の期待はできない。極端に言えば、法学部出身者である必要もないのだが、「少なくとも法律が嫌いではないだろう」という理由もあり、法学部出身者を採用することが多いと思われる。

　このような新卒採用の面接では、現在の経験や知識ではなく、主に「法務の仕事に向いていそうか」「自分たちの部門でうまくやっていけそうか」といった点を見ることになる。「法務の仕事に向いていそうか」を見極めるにあたって、筆者は個人的に、「自分の頭で考える人か」という点と、「仕事を通じて自分を伸ばしていく向上心が感じられるか」ということを重視している。そして、「自分の頭で考える人か」を評価するために、あえてまったく正解のない質問をし、何らかの答を出してくれば、「なぜそう思うのか」を尋ねるということをよくしている。また、それら以外にも、「地味な法務の仕事をコツコツやってくれそうか」「社内の依頼者とうまくコミュニケーションできそうか」といった点も重要である。

　このような採用面接での評価は、どうしても主観的なものになりがちである。面接官によっては評価が分かれることも十分あり得るため、法務部門から複数の面接官を出し、人事部門でも面接を行ってもらい、面接後の合議や評価の比較をすることが必要となる。

(2) キャリア採用

　経験者をキャリア採用する際には、自社のホームページ等で募集して応募を待つ場合と、採用のエージェント等に積極的に探してもらう場合がある（後者はエージェントへの成功報酬が発生する）。法務部門の仕事は、（特に類似の業種であれば）会社が変わっても仕事の中身は共通することが多いため、経験者のキャリア採用には向いている業務と言える。

　いずれの場合も、どのような経験・能力のある人を募集するかといった「仕様」を定める必要がある。「仕様」には「企業法務経験3年以上」という一般的なものから、特定の業種での法務経験を求めるもの、英文契約等国際法務の経験を求めるもの、TOEIC等の英語力の具体的根拠を求めるもの等、さまざまな基準が考えられる。

　仕様を定めて募集を開始すると、応募者から履歴書・職務経歴書が送られてくる。それらをもとに書類選考のプロセスに入るわけだが、書類選考の段階では、職務経歴書に書かれている内容等から、自社および法務部門が求め

る経験・能力を満たしているかについての評価を行う。一応満たしていそうだ、という感触を持った応募者については、会社（あるいは他の会場）に来てもらい、面接をすることになる。

　面接においては、基本的な人間性や自部門にフィットするかといった、新卒・キャリア採用に共通の観点に加えて、キャリア採用では特に、「こちらが期待する経験・能力を有しているか」という点を評価したい。そのためには、これまでに関わってきた仕事の中身について、多少突っ込んで話を聞くことも必要になるだろう。職務経歴書に華々しい経歴が書かれていたとしても、よくよく話を聞いてみると、自分でやったわけではなく補助的に関与しただけ、等といった場合もあるので注意が必要である。また、キャリア採用の場合は、転職を考えた理由や、過去の転職の経緯等の説明が納得できるものかについても確認すべきである。現在の勤務先でうまくいっていないために転職を考えている人材には、自社に入ってもやはりうまくフィットしないというリスクがあるからである。

3 ｜ 人材育成

　人材を獲得したら、今度はその人材を育成していかなければならない。新卒社員であれば一からの育成が必要であることは言うまでもないが、経験者の採用であっても、自社でさらに活躍してもらうためには、「育成」という観点を忘れてはならない。以下では、具体的な育成方法の例を挙げていくこととする。

（1）法律知識等の座学

　特に新卒社員の場合には、ある程度の法務関連知識の座学による勉強が必要である。法学部卒であっても、大学で学ぶ法律と会社で使う法律は異なるし、例えば「契約書」の実務等を大学で学ぶことはまれであろう。最近では、企業法務関連の書籍も充実してきており、これらを通じた勉強から知識を身につけることもさほど難しくない。

　具体的には、主な法律・契約等のジャンル（例えば「会社法」「独禁法」等）
ごとに必読書を定め、配属後数ヵ月〜１年で時間を見つけて読んでもらい、
わからないことがあれば質問をさせるといったことが考えられる。また、経
営法友会の基礎コース等、初級法務担当者向けの社外の研修・セミナーも多
いので、それらも効果的に活用するとよいだろう。

　さらに、法律以外でも、自社がどのような商品・サービスを扱い、どのよ
うな顧客に、どのような取引形態で提供し、それらが法務の仕事にどう関わっ
てくるかといった、会社の事業・取引に関する知識も必要である。これにつ
いては、配属当初に先輩社員に一通りレクチャーをさせた上で、次で述べる
OJTによって理解を深める、というやり方がよいだろう。

(2) OJT

　知識の学習と並んで、どの会社でも行われているのが日常の業務を通じた
OJTである。例えば、新卒社員が法務部門に配属された場合には、典型的
には次のようなプロセスでOJTが行われる。

①　指導する先輩社員を指名する。
②　当初は先輩社員のヒアリング・打ち合わせ等に同席し、先輩社員から指示
　　された補助業務を担当させる。
③　簡単な業務（例えば秘密保持契約）を先輩社員の指導のもとで担当し、全
　　件、回答前に先輩社員のチェックを受けさせる。
④　徐々に先輩社員のチェックを受けずに直接回答する範囲を広げていく。

　このようなプロセスを通じて、「この会社の法務ではどのようなプロセス
で仕事をしているのか」「よくある案件はどう対応すればよいのか」を学ん
でいくのである。また、上司や先輩社員がチェックをし、添削することによ
り、法務部門としての仕事のスタンダードを示す意味もある。

　このように、OJTは日々の人材育成の中心となるものである。ただし、
OJT（と座学による学習）だけでは、都度発生した案件からしか学ぶことが

できず、体系的な学習にはならない。また、指導する先輩社員の力量に大きく依存するため、指導担当者によっては効果的なOJTが行われないという問題を抱えている。

（3）企業法務遂行スキル

筆者は以前から、法律知識の座学とOJT以外に、法務の仕事のやり方をもう少し体系的に教えるべきではないかという考えを持ち、「社内ロースクール」と称する勉強会を主宰してきた。そこで使った資料をまとめ、一冊の本にしたのが、前著『スキルアップのための企業法務のセオリー』である。

「法務の仕事のやり方」の1つの柱は、「依頼者からのヒアリング」「ビジネス文書の書き方」「契約書のドラフティング」「リーガルリサーチ」「交渉」「プレゼンテーション」といった、業務遂行のためのスキルとテクニックにあたるものである。これらについては、前著および本書を参考に、自社に合った形にアレンジして、プログラムを考えていただければ幸甚である。

（4）典型的な法務案件のセオリー

「法務の仕事のやり方」のもう1つの柱は、自社の法務部門によくある典型的な案件に対応するためのセオリーや、「ゲームのルール」にあたるものである。これらについても、前著第3部「典型的な法務案件のセオリー」および本書第2部で紹介してきた。

これらは、筆者が所属した2つの会社で経験した範囲での「典型的な法務案件」に過ぎない。それを参考にしていただきながら、自分の会社にとっての「典型的な法務案件のセオリー」やルールを編み出し、後進の指導にあたってほしい。

（5）仕事のアサインメント

座学・レクチャーやOJTによる指導とは異なるが、人材育成の重要な側面に、仕事のアサインメントがある。これはつまり、どのような仕事をどのタイミングでさせるかという問題である。

　例えば、新卒社員に対しては、まずは印紙税の判定、秘密保持契約、人材派遣契約といった簡単な案件から始めて、売買契約、開発契約、下請法、独禁法等、徐々に複雑な案件を担当させるのが一般的であろう。それらの初期の一般論に加えて、英文契約・中文契約等言語の壁を越えた広がり、より高度で難しい案件へと向かう質の面での深さ、法務部門内の担当業務入れ替えによって仕事の幅を広げる等、さまざまな観点があり得る。

　部門として強化していきたい方向性、業務の増加傾向に加えて、本人の関心・希望等も踏まえて、仕事のアサインメントを適時に見直すべきである。そして、それを担当者の育成につなげるという意識を忘れてはならない。

(6) 修羅場の経験

　最後に、ある程度仕事ができるようになった法務担当者を「一皮むけさせる」ためには、ある種の「修羅場の経験」が効果的であることも多い。

　例えば、大きな法的紛争が起きている子会社や、厳しい交渉が必要な場面に送り込み、現場で自ら考え、問題を整理し、関係者や弁護士を動かして決着させるというのが、法務担当者にとっての修羅場の経験と言えるだろう。そのような場面では、上司への依存は捨て、腹をくくって考えて、解決に向けて必死に動くことになる。そのような経験をすることが、法務のプロフェッショナルとして腹が据わり、一皮むけることにつながるのである。

　したがって、大きく育てたい担当者には、いいタイミングで修羅場に送り込めないかということも考えておくべきである。

　また、本格的な修羅場をあてがうことが難しい場合には、海外子会社に法務部門があれば、そこに「武者修行」的な研修に送り込む、法務部門のない子会社に定期的に出前法務担当として出張させる等、疑似的な修羅場の経験をさせることも考えられる。

4 ｜ 法務担当者のモティベーション

　上記のようにさまざまな方法を駆使して法務担当者の育成を試みるのであ

るが、それよりも重要なのは、各担当者が高いモティベーションを持って仕事に取り組み、仕事を通じて自らの能力を向上させるというコミットメントをすることである。ここでは、法務担当者のモティベーションに関して、筆者なりの考えを述べることとする。

（1）法務の仕事の特色

　担当者のモティベーションに関連して、法務部門の仕事には次のような特色があるように思われる。

① 営業部門や商品等を開発する部門等と異なり、目に見える成果やわかりやすい達成感を得にくい。
② 地道な作業や調査が必要である。
③ 社内の依頼者から、感謝をされることは比較的多い。
④ 常に頭を使い続ける、学習し続ける覚悟が必要である。

（2）どんなときに仕事が面白いか

　筆者の経験やこれまでの部下や後輩との会話の中から、法務担当者が仕事を「面白い」「やりがいがある」と感じるときには、おおよそ次のような傾向がある。

① 社内の依頼者から「ありがとう」と感謝されたとき（感謝）
② 調べたり考えたりした末に「わかった」と思えたとき（プロセス）
③ マニュアル等にうまくまとめられ、後に残る成果が出たとき（プロセス・達成感）
④ 初めての案件、難しい案件をやりきって決着させたとき（挑戦・達成感）
⑤ M&A等の重要案件で前面に立って交渉をするとき（挑戦・達成感）
⑥ 国内・海外出張等の機会（自己成長・好奇心）
⑦ 外部弁護士等「すごい」と思える人と一緒に仕事をしているとき（自己成長）

⑧ 自分の担当した仕事が、新聞等に掲載されたとき（達成感・自己満足）

　「面白い」「やりがいがある」という感じ方は、人により異なるが、「自分の存在や仕事が有用である」「仕事を通じて自分が成長できる」ときにやりがいを感じるという点では共通していると言える。

　したがって、モティベーションを維持向上させるためには、部下や後輩の「やりがい」の傾向を知った上で、できるだけそれを感じるような機会を与えるのが要諦となる。

(3) 部下の法務担当者のモティベーションを上げるための工夫

　上記の「どんなときに仕事が面白いか」を踏まえて、日常の部門マネジメントにおける具体的な工夫としては、次のようなことが考えられる。

① 目標管理・人事評価等の面接やその他面談の機会に、各担当者が「どんなときに面白いと感じるか」「どんなときに嫌だと感じるのか」を直接聞いて把握しておく。
② 自ら仕事を面白がる、面白いと思うことを部下にも話す。
③ その仕事が「いかに重要か」「いかに面白いか」または「いかに勉強になるか」を伝えた上で仕事をアサインする。
④ 部下がどんな仕事を抱えていて、どんな状態にあるかについて関心を持つ。
⑤ 仕事がうまくいったときは一緒に喜び、仕事の中で面白いと思ったことは一緒に面白がる。
⑥ 各担当者の「長所」や「持ち味」を自ら考えさせ、それに対する意見も伝えて「長所」や「持ち味」を承認する。
⑦ 出張・取引相手方との交渉・外部での講演・外部セミナー受講等、社外に出て行く機会を作る、連れ出す。

(4) モティベーションを下げてしまう言動

　逆に、上司の言動によって部下のモティベーションを下げてしまうことも

ある。筆者自身の経験と反省を含めて、次のような言動はモティベーション
の減退につながると感じている。

① 任せきりで、進捗や結果に興味を示さない。

② 上記とは逆に、プロセスの細部について、いわゆる「箸の上げ下げ」の指
示をする（日本語で言えば「箸の上げ下げ」だが、英語では"micro-man-
agement"と否定的な意味合いで使われる。ある程度経験豊富な部下ほど、
これを行うと嫌われることが多い）。

③ 報告・相談に否定や説教で答える。

④ 「地位の上の人が言っているから」という理由で自らの考えを伝えずに指
示をする。

⑤ 自分がやりかけておいて、面倒くさくなって部下に投げる。

5 | 人材育成は誰のため？

　上記の通り、法務部門にとって人材の獲得、育成、モティベーションの維持向上は重要な課題である。その一方で、それらのプロセス、とりわけ人材育成は時間と手間のかかるものでもある。本章の最後に、「人材育成は誰のためか」という点について確認しておきたい。

　[図表98] は人材育成から始まるプロセスを図示したものである。

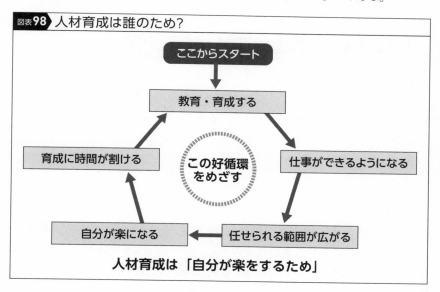

図表98　人材育成は誰のため？

ここからスタート

教育・育成する

この好循環をめざす

育成に時間が割ける

仕事ができるようになる

自分が楽になる

任せられる範囲が広がる

人材育成は「自分が楽をするため」

　人材育成はまず、忙しい日常の仕事の合間に何とか時間をねん出して、「教育・育成する」ところからスタートする。その結果、部下は（少しずつでも）今までより仕事ができるようになる。すると、部下に任せられる仕事の範囲が広がる。それによって、今度は自分が楽になる。楽になれば育成に時間が割ける。そしてまた教育・育成を行う。人材育成のめざす姿は、このような好循環である。

　極論をすれば、人材育成は「自分が楽をするため」のものとも言える。ぜひ、自分が楽をするために、人材育成に時間を投資していただきたい。

第4章 法務部門の予算と経費管理

法務部門のマネジメントに関して、各社共通で発生するものに「予算の策定」と「経費の管理」がある。予算策定等のプロセスは会社によって大きく異なるので、ここでは、予算を構成する要素、予算承認を得るための検討事項、経費予算の管理に絞って簡単に触れておくこととする。

1 予算を構成する要素

法務部門の予算は、（グループ会社から収入を得ているような場合を別とすれば）売上予算はなく、「経費をいくら使うか」という経費予算である。しかもあまり大きな経費が発生するわけではなく、社内でも予算規模の小さな組織と言える。ここでは、法務部門の予算を構成する主な項目について概説する。

（1）人件費

多くの場合、法務部門の予算の中で最大のウエイトを占めるのが人件費である。人件費は、現状の人員数と各メンバーの給与水準で自動的に決まる要素が強い。次年度において人員増を見込む場合は、前章で述べた人員計画とともに会社の承認をとることになる。その他、予算策定時に検討すべき要素としては、残業・休日出勤にともなう時間外労働をどの程度見込むか、（特にキャリア採用等を計画している場合は）どの時点で採用・増員を見込むか、といったあたりである。

（2）弁護士費用

弁護士費用についても、法務部門として一定の予算をとっておく会社がほとんどであろう。ただ、弁護士費用は、特別な案件や訴訟、問題等が発生したことで生じるため、すべてを事前に読み込んで予算化することはできない。

　また、特定の案件のために発生した弁護士費用を法務部門で負担するのか、当該案件の主管部門で負担するのかという問題もある。特定の案件のための費用は、受益者である部門の負担とするのが筋ではある。だが、当該部門が弁護士を使うことを希望しない初期段階でも、法務部門としては弁護士に確認したいということもあり得る。

　そのような状況を踏まえると、法務部門において、顧問契約上発生する顧問料以外にある程度の弁護士費用予算は確保しておき、案件の初期段階での必要な相談、予備調査等を行えるようにしておくことが望ましい。その上で、案件が本格化した場合は、弁護士費用の見積もりをとって、当該部門に負担を要請するのである。

　また、株主総会準備、法改正への全社対応、法務教育の教材のレビュー等、他部門に負担を求められないような弁護士費用は、過去実績等を参考に、予算化しておくべきであろう。

(3) 登記関係費用

　商業登記に関する印紙代や、登記を司法書士に依頼する場合の司法書士費用等も、予算化の対象となる。

　特に、役職員に報酬としてのストックオプションを付与している会社においては、ストックオプション行使の都度、資本金変更登記が発生し、印紙代が必要となる。ストックオプションがその年にどれくらい行使されるかは、株価の状況にも左右されるので、正確な見積もりは難しい。ある程度の読みと前提条件を置いて予算化しておく他はない。

(4) 知的財産の出願・登録

　上述した法務部門の業務範囲によるが、知的財産の出願・登録を法務部門が行う場合は、その費用についても予算化を考える必要がある。その場合も、上記の弁護士費用と同様に、法務部門負担とするのか、その知的財産を出願・利用する部門負担とするのかについては、各社の方針次第である。

　例えば、商標の出願・管理を法務部門が行う場合、少なくともコーポレー

トブランドについては、法務部門で予算化しておく必要がある。既存の商標については、有効期間を管理し、その年に更新される商標・国について予算化する。また、新たに商標出願をしたり、保護強化のために出願する範囲を拡大したりする場合は、出願費用とそれにともなう弁理士費用を予算化するとともに、いつごろ登録されるのかを読み、その年に登録されそうな国に関しては登録費用についても予算化を行う。

(5) 旅費・交通費

実行しようとしている年度計画に基づき、そのためにどの程度出張を行うかを考え、旅費・交通費の予算を策定する。例えば、海外子会社での法務対応状況の確認や、海外子会社の法務設置準備の打ち合わせのために海外出張を見込むなら、それを予算に組み込んでおく。

契約交渉・紛争対応等の実際の案件対応のために海外出張等が必要な場合に、法務部門が費用負担をするのか、受益者となる部門が費用負担するのかは、会社により異なる。ただ、これも弁護士費用と同様に、法務部門として必要であると考えた場合には、現場に駆けつけることができるよう、一定の予算をとっておくことが望ましい。

また、前章で述べたような、育成目的での武者修行に送り出すことを想定しているなら、その滞在費についても予算化が必要である。

(6) 交際費

弁護士等の社外専門家との会食や、他社法務部門との情報交換の後の食事等、法務部門でも社外を交えた飲食をする場合がある。それらに備えて、一定の交際費を予算化しておくことが望ましい。海外出張時に現地の専門家と食事をするようなこともあれば、それらも盛り込んでおく。

筆者の私見としては、特に世話になっている顧問弁護士等とは、御礼の気持ちを示す意味でも年に1、2回は会食の席を設けるのがよいように思う。優秀な弁護士をタイムチャージなしで独占し、情報交換し、参考になる話が聞けるなら、飲食費等安いものなのである。

（7）その他諸経費

　法務関連の雑誌、書籍の購入、外部セミナーへの参加、経営法友会等の社外団体の加入費用等、1つひとつは少額でも、法務部門にとって欠かせないこれらの経費も、予算策定の際には忘れずに盛り込まなければならない。

2 ｜ 予算承認を得るために

　予算の策定プロセスも会社によって異なるが、通常は会計年度の開始前に、各部門が次年度の予算案を作成し、経理部門による取りまとめ・調整等を経て、経営トップや管掌役員の承認を得るといった流れが一般的であろう。法務部門の予算規模は比較的小さいとはいえ、（特に経費増額の予算を組む場合は）なぜその予算なのか、なぜそれだけ経費が必要なのかを説明し、承認を得なければならない。

　予算の承認を得るためには、いきなり結果としての数字を説明するのではなく、まずは、「来年度の法務部門は『どのような人員構成』で、『何に取り組むのか』」という計画が必要である。法務部門の現状を説明した上で、翌年度に取り組む活動の計画を示し、人員増が必要ならその理由、海外出張をともなうプロジェクトならその必要性等を説明する。その上で、それらに要する経費の見積もりを示し、承認を求めるのである。

　最終的に具体的な予算の数字を説明する際には、今年度（予算または経費の最終見込み）との比較を求められることが多いだろう。その際によく用いられるのが、［図表99］のようなチャート（「カスケードチャート」等と呼ばれる）である。

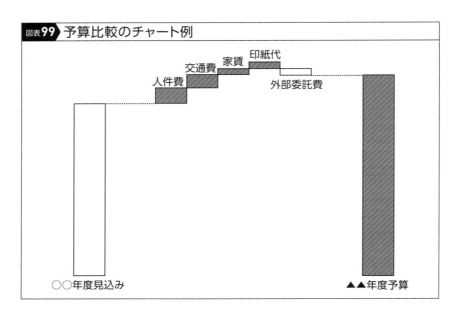

図表99 予算比較のチャート例

この図では、今年度見込みと比較し、人件費、交通費、家賃、印紙代が一定額増加し、外部委託費が若干減少する予定で、それで最終的には右の来年度予算のようになる（実際は金額を記載する）ということを示している。各社で書式が定められているケースもあると思われるが、1つの方法として参考になればと考える。

3 経費予算の管理

経費予算の管理については、会社の予算策定・経費精算等のシステムを使って、実際の経費支出状況が確認できるようになっている会社も少なくないだろう。それらを用いて、予算と実績に大きな乖離がないかを定期的に確認するべきである（会社によってはその確認プロセスを定め、予算の見直しを四半期ごと等に行っている）。特に経費の予算超過が見込まれる場合は、早期に管掌役員等に相談や追加申請を行う必要がある。

また、経費予算の中でも、次の各項目については、個別のチェックが必要

である。

（1）弁護士費用

　法律事務所からの請求時にその請求内容の妥当性を確認する。法律事務所からの請求書には、通常は担当弁護士名・時間あたり報酬額・実働時間が記載されている。それを確認し、心当たりのない請求時間や、高すぎると思われる請求がある場合には、法律事務所（通常は自社の窓口になっているパートナー弁護士）に確認する。

　弁護士費用を値切るようなことはやりにくいと感じる読者も多いとは思うが、実際に何らかの手違いで誤って請求されている場合や、会社側の「高い」という見方に法律事務所も同意し、例えば会議同席だけをしていた弁護士の報酬分を差し引く等の措置を考えてもらえる場合もある。このように合理的に請求内容を確認することは、「請求内容はしっかり見直す」という一定の緊張感と、「疑問があれば率直に話し合う」という信頼関係を生み出すことにもつながると考えられる。

　また、特定案件の請求が大きい場合は、依頼部門に負担を求める（あるいは次回以降は依頼部門負担とする）といった検討や依頼部門との折衝も必要である。

（2）出張旅費

　出張旅費については、当初計画と比べて、出張が予定より多いのか、少ないのかという比較検討から始まる。予定より出張が多い場合は、予算超過のおそれがあるのか、また予定より出張が少ない場合は、今後出張を増やすことで、当初計画通りの成果を上げられるのかといった検討が必要となる。

　なお、弁護士費用と同様に、特定案件のための出張が多い場合は、依頼部門に負担を求める（あるいは次回以降は依頼部門負担とする）といった検討や依頼部門との折衝も必要である。

第5章 法務部門の活動計画

　第3部の冒頭で、「法務部門の将来を考え、計画する」ことが、法務部門の責任者の最も重要な仕事であると述べた。その具体的な内容については、各社の実情に合わせて考えるしかないが、ここでは、法務部門の各年度の活動計画について、一般的に考えられることを紹介する。

1 ｜ 受動的業務と能動的業務

　本部第2章「法務部門の役割・ミッション」で述べた通り、法務部門の仕事は、事業部門が締結しようとしている契約書の作成や審査、社内他部門からの法律相談、訴訟その他法的紛争の発生時の対応等、相談や問題発生に基づいて、社内他部門を支援したり、解決に向けて動いたりする、いわば「受動的業務」が多い。受動的業務が悪いというわけではなく、これらの業務を遂行し、問題解決等に結び付けるのは、法務の本業と言える。

　しかし、受動的に入ってきた業務をこなすだけでは、いわゆる「モグラ叩き」に過ぎず、会社全体の法務問題への対応力を上げる、問題の予防につなげる、法務問題への対応の効率化を図る、といった「明日をよりよく」する類の仕事にはつながらない。では、モグラ叩きから脱却して明日をよりよくするためには、何が必要だろうか。それは、社内外の動きを読んだ上で、法務部門として能動的にやるべきことを考え、実行することである。

　一方で、法務部門は日々入ってくる受動的案件に追われ、放っておくと能動的業務は後回しになりがちである。そのようなことにならないためにも、能動的業務を年間の活動計画に組み込み、役員や経営トップにもコミットメントすることが求められるのである。

2 │ 活動計画に組み込む業務の具体例

　それでは、実際に活動計画に組み込む業務にはどのようなものが考えられ
るだろうか。その内容や優先順位は、会社の状況によって異なるが、一般的
には次のようなものが考えられる。

（1）契約書ひな形・マニュアル等の作成

　法務部門が典型的に行う能動的な業務に、よく使う契約書のひな形や、事
業部門向けの法務関連マニュアルの作成等がある。例えば、仕入先との取引
基本契約、自社の商品を扱う代理店との代理店契約、他社との共同開発契約、
各種の業務委託契約、秘密保持契約等は多くの会社でひな形あるいは定型契
約として整備されている。また、例えば契約書等に貼付する印紙税を判定す
るマニュアルや、独禁法・下請法等の注意点をまとめたマニュアルを作成す
ることも考えられる。

　法務部門の歴史が長い会社では、すでにこのような契約書ひな形やマニュ
アルは整備されているだろうが、新たに立ち上げた法務部門や、モグラ叩き
からの脱却を図る段階の法務部門では、まずはこのような業務を計画的に実
施することが必要であろう。

　また、作成したひな形やマニュアルは、イントラネット等に掲示して社内
で使えるようにするとともに、使ってもらうための周知の方法や、場合によっ
ては説明会の開催等もあわせて検討すべきである。

（2）社内の法務研修等の開催

　上記のひな形、マニュアル等の作成と並んで、社内の法務研修・セミナー
等の開催も、多くの会社の法務部門で行われている。

　内容は、例えば独禁法・下請法等、事業部門等が法律を守って事業を行う
ために必要な知識を提供するもの、典型的な契約書のポイントと交渉の方法
等、自社にとってより有利または適切に法務関連事項が対応できるようにす
るもの等が考えられる。また、法務部門がよく相談を受ける事項について、

まとめて説明することにより法務業務の効率化を図る目的で開催することもあり得る。さらに、より一般的にコンプライアンス全般の研修を法務部門が行うことも考えられる。

いずれにしても、計画段階では、「どのような目的」で、「誰を対象」に、「どのような研修」を、「いつごろ行うのか」を検討する。そして実行段階では、会議室の予約、開催案内の発表、出欠確認、資料準備、当日のプレゼンテーション等を行うことになる。

(3) 法改正への対応

重要な法改正への対応を、法務部門が主体となって行うこともある。例えば、2015年から2016年にかけて、会社法改正、コーポレートガバナンス・コード制定、特許法の改正等について、多くの会社で対応の検討が行われてきた。

このような法改正等への対応は、例えばコーポレートガバナンス・コード制定への対応であれば、法務部門だけでなくIR部門、秘書部門(あるいは経営企画部門)、財務部門、人事部門、内部監査部門等と関連する。また、特許法の改正であれば、法務部門と知的財産(特許)部門とが検討することになるだろう。

したがって、法改正への対応の立案にあたっては、いつまでに対応が必要なのか、対応の検討にどのような部門の関与が必要なのかを検討し、関連部門とタスクフォース等を組成して実行していくことになる。

(4) 法務部門内の人材育成

法務部門における人材育成の必要性は、すでに述べた通りである。この人材育成についても、新入社員の導入研修や外部セミナーへの参加、日々のOJT等に加え、具体策を活動計画に組み込んでおくことが考えられる。

例えば、海外子会社等への研修派遣や、語学研修への派遣、さらには海外ロースクールへの留学等は、人選や予算獲得を含めた事前の計画が必要である。特に、初めて海外ロースクールに派遣するような場合は、人選の方法、留学先選定の方法、留学中の処遇(海外出向に準じる等)、留学中の業務の

体制等、事前に検討しておくべきことは多い。

(5) グループ会社を含む法務体制・組織の整備

　最後に、グループ会社を含む法務体制・組織の整備について述べておきたい。

　会社全体が、1つの法人で、1つのロケーションでとどまっていれば、法務の組織は単純である。しかし多くの会社では、傘下にグループの子会社・関連会社を抱え、同じ法人でもいくつものロケーションに分散している。そして、海外のさまざまな国に子会社（現地法人）を有する会社が多い。さらに、社内カンパニー制等を導入し、カンパニー単位でさまざまなインフラ機能を持つ会社もある。

　このように多様な会社グループの中で、どのように法務部門を配置するのが効果的・効率的かを考えなければならない。すなわち、法務部門は本社に集中させるのか、分散させるのか、分散させるとすれば、それはカンパニーや事業本部単位なのか、あるいは地理的なロケーション単位なのかといった検討である。

　例えば、関西の会社が「東京本社」を設けて2本社制にした場合には、法務部門も関西と東京の2拠点とした会社が多かった。また、大企業では、社内カンパニーごとに法務部門を置く会社も多い。そのように既存の法務機能が分散する場合は、そのための人員の確保も必要となる。法務部門を分散して現場に近いところに置くのは、事業ラインとのコミュニケーション等がスムーズであり、効果的な業務遂行が期待できる反面、人数を増やすことにつながることが多く、会社の間接業務全体として見たときに効率性が落ちるという関係になる。

　このような法務部門の配置については、それぞれの会社の実情に合わせた最適の形（しかもそれは会社の組織の変化とともに変わり得る）を模索せざるを得ない。

　また、海外各地の現地法人を含むグローバル法務体制の整備も、多くの会社にとって重要な課題である。グローバル法務体制の整備にあたっては、例えば次のようなことを考えなければならない。

① 海外現地法人のどのような法務案件について、本社の法務部門が相談を受けるか。

② 各国で利用できる弁護士等の社外専門家をどう確保するか。

③ 海外組織がどれくらいの会社規模・法務案件数になったときに法務機能を置くべきか。

④ 法務機能設置のプライオリティ付けをどうするか。

⑤ 法務機能は、法人ごとに置くべきか、地域（例えば欧州）単位で置くべきか。

⑥ 海外組織の法務部門には、日本から出向するのか、現地雇用するのか。

⑦ 海外組織の法務部門と本社の法務部門はどのように連携するのか。

これは一朝一夕に答を出せるものではなく、数年単位での計画的な取り組みが必要であるが、筆者自身の経験から、例えば次のような方法を紹介しておきたい。

① 主要な海外現地法人を訪問し、法務業務の対応状況等をヒアリングする。

② 日本の法務部門に相談すべき案件のガイドを示し、現地法人社長に提示する。

③ ヒアリング結果をもとに、各現地法人の法務業務の量・対応能力を評価する。

④ 上記の評価結果と自社グループの今後の方向性等から、法務拠点を設置するプライオリティ付けを実施する。

⑤ プライオリティに基づき、「中国」「北米」「欧州」「東南アジア」等の単位で法務拠点を立ち上げ、各地域内全体に法務サービスを提供する。

⑥ 地域法務の人員は、各国の法律事情、担当すべき業務等を踏まえて、現地雇用か日本からの出向かを決定する（例えば、北米においては米国人弁護士を雇用するのがよい場合が多い。一方で、「東南アジア」という単位では、特定国の法知識や弁護士資格のウエイトが低いため、日本からの出向が効果的なことも多い）。

⑦ 海外法務拠点とは、定例のテレビ会議、例えば年1回の「グローバル会議」等で情報を共有し、「グループ法務」の一体感を醸成する。

　このようなグローバルの組織体制に関して、2020年以降の筆者の経験を
追記したい。

① オンライングローバル会議の開催

　2020年の新型コロナウイルス感染症の拡大以降、1カ所に集合してのグ
ローバル会議開催が不可能となった。そこで、それを代替するものとして、
オンラインのグローバル会議を開催した。「1日2時間×3日」といった形で
オンライン会議を行い、年度方針のプレゼンテーション、グループに分かれ
てのディスカッション等を行った。ただし、欧米アジアを含む会議とすると
時差の制約があるため、日本の夜9時開始というように、深夜・早朝の地域
が発生してしまう。そこで、時間短縮のため、各地域・部門からの発表は事
前に録画で共有し、質疑応答のみ会議の際に行う等の工夫も試行した。オン
ラインほどの一体感はないが、一定の効果はあったものと思われる。

② グローバル・ポリシーの策定

　さらに、グローバル連携をもう一段強化することも試行した。以前はコン
プライアンス等の施策は、まず日本で実施し、翌年以降海外展開しようとし
ていたが、言語・法律・商慣習の壁もあり、思ったように展開できていなかっ
た。そこで発想を転換し、グローバル施策を、最初から海外の法務メンバー
と共同作業で創り上げることとした。例えば「情報セキュリティ」「コンプ
ライアンス・チェック」等のグローバル・ポリシーを策定し、行動規範研修
のグローバル展開を行う等の成果が出始めている。

　グローバル組織体制や連携については、まだ完成形と言えるものではなく、
今後も試行錯誤や改善の必要性を感じている。読者の皆様も、グローバルの
法務対応力の強化がグローバルでの自社の競争力の強化につながる、という
信念を持ち、自社グループにとって最適なグループ・グローバル法務体制の
構築をめざしていただければと考えている。

事項索引

瀧川 英雄（たきがわ ひでお）

1964年8月10日生まれ。1987年神戸大学法学部卒業。同年電子機器メーカー・オムロン株式会社に入社。法務・総務部法務担当課長等を務めた。現在は、FAメカニカル部品大手メーカー・株式会社ミスミを中核とする株式会社ミスミグループ本社法務・コンプライアンス統括執行役員として、法務業務と後進教育にあたる。著書に『スキルアップのための企業法務のセオリー 実務の基礎とルールを学ぶ 第2版』（第一法規、2022年）がある。

サービス・インフォメーション

────────── 通話無料 ──────

① 商品に関するご照会・お申込みのご依頼（最寄りの支社）
　　　　　　TEL 0120 (203) 694／FAX 0120 (302) 640
② ご住所・ご名義等各種変更のご連絡（お客さま窓口）
　　　　　　TEL 0120 (203) 696／FAX 0120 (202) 974
③ 請求・お支払いに関するご照会・ご要望（お支払い窓口）
　　　　　　TEL 0120 (203) 695／FAX 0120 (202) 973

● フリーダイヤル（TEL）の受付時間は、土・日・祝日を除く
　9:00～17:30です。
● FAXは24時間受け付けておりますので、あわせてご利用ください。

レベルアップをめざす企業法務のセオリー　応用編
一段上の実務とマネジメントの基礎を学ぶ　第2版

2018年 7月30日　初　版第1刷発行
2023年12月25日　第2版第1刷発行

著　者　　瀧　川　英　雄

発行者　　田　中　英　弥

発行所　　第一法規株式会社
　　　　　〒107-8560　東京都港区南青山2-11-17
　　　　　ホームページ　https://www.daiichihoki.co.jp/

装　幀　　SANKAKUSHA

印刷・製本　シナノ書籍印刷株式会社

レベル法務2　ISBN 978-4-474-09388-1　C2032　(0)